作家、学者、哲学者は世界を旅する

作家、学者、哲学者は世界を旅する

ミシェル・セール
清水高志訳

水声社

本書は
《人類学の転回》叢書の一冊として
刊行された。

目次

三つの恩寵、オードリー、ベアトリス、ジェニファーに、
そして彼女たちのアポロン、エマニュエルに捧げる。

序章　三つの世界旅行

若いころ、熱に浮かされるように決意したものだ。哲学者の人生は、困難だが欠かせない三つのもの、やり遂げるべき三つの旅から始まらねばならないと。深遠なる智慧に到達するまでには、少なくとも私が信じたところによれば、修行者は準備のために、まず世界を旅しなければならない。——太平洋や氷原を訪れて、氷山が漂い、鯨が潮を吹くのを眺め、砂漠を突っきり、山々の頂上の一番高いところまでよじ登り、地震や火山も欠かさず味わって、外海を航海し、暴風雨に立ち向かい、島々と大陸を探検し、ようするに、地球の厳粛な美でわが身を満たすのである。放浪。筋肉の疲労と、短い人生を流れる時と、胸をうつ狂喜のその果てに、誰もすべてを見つくすことはできない。——残ったのは、世界地図をぱらぱらとめくるわびしさであった。

ある種の因果応報がやってきたのは、悪くなかった。ずっと前から待ち受けてはいたが、思いもかけない不運によって、私たちが世界に対して繰り広げている世界戦争[1]が、いまやグローバルで、内在的で、確実で、予測可能で、圧倒的な、世界の潜在的な力に遭遇したのである。その莫大なリスクのもとで、やむを得ず、私たちは共生のための自然契約[2]に署名せねばならなくなった。——かくして、このあらたな統合、私たちである（ヌ・ソム）この総体（ソム）をまえに、私たちはいっせいに立ち止まって、奇妙で、思いがけぬ、危なっかしいやり方で、何百万年にわたるホモ・サピエンスの歩みを締めくくったのである。それは、われわれの青い惑星について、私がすべてを見たとか、すべてを知ったとか言うことを意味しないし、それには程遠いのだが、ついにすべてのものたちと一緒に、われわれを地球の全体に結びつける一つの経験を私がしている、と言うことを意味している。私たちの介入のすべてが、ついに世界の全体を目覚めさせ、出現させたのだが、実際のところそれは手、それも市場のもののように目に見えない超越的な手ではなく、内在的で威圧的な手なのである。私たちは世界を操っていると信じていたが、とうとう世界が私たちを操るようになったわけだ。

　次に修行者に必要なのは、知識の旅である。この第二の旅に求められるのは、もう一つの困難にして必須なもの〔つまり学問〕を総和するものだ。絶望しながらも辛抱づよく、修行者はかくして、数学や関連のある厳密科学に没頭し、宇宙論から生化学、さらには人間や社会、政治にまつわるいくつかの人文科学にのめり込むことになる。エンサイクロペディーを経巡るこの旅には、中心が至るところにあり、円周がどこにもないので、せっかくの情熱もそこでは全体についての展望をまるきり欠いてしまうのだ。

ところで、とてつもない僥倖と予期せぬ幸運によって、人生の終わりになって、「大いなる物語」[3]が、〔コンピュータによって、〕この果てしのない遍歴を何重にもやり遂げてしまうことになった。『オミネサンス』に始まる連作四部[4]は、そのことを余すところなく語ったものだ。この持続の地図、この年代記的な世界地図（マップモンド）によって、知の放浪はなし遂げられるか、もしくは一つのプロジェクトへと統合されることになる。それは、つい最近までの肉体による世界的な流浪においては、完遂されることがなかったものだが、今日ではもろもろの事物（モノ）の力もすべて加えているのである。[5]このことは、私がついにあらゆることを、細部に至るまで知ったということを意味しないし、それには程遠いのだが、しかし誰もがそうであるように、つかの間のあいだ拡がっているこの全体を通じて、可能なかぎりの知識のすべてに容易にアクセスできる無数の扉を、私は自在に操っているのだ。

私の哲学への準備は、人間たちを旅することによって、これら二つの歓びを拡張せねばならなかった。とはいえ、どれほど多くの文化、言語、宗教、慣習が、とりわけ、おのおのが自分だけでもほとんど一つの種族であるようなどれほど多くの個人たちが、私の酔狂な意気込みに、越えがたい障害となってまた立ちふさがったことだろう。そこではまだ、先の二つの計画におけるようには、総体や統合といったものが考えられていないのだ。

さて、生涯の終わりになって今いちど、第三の幸福な運命が私にもたらされることになった。四つの群島を描きだしつつ、フィリップ・デスコラが近年、人類の文化を分類してみせたからである

（『自然と文化の彼方』、ガリマール、二〇〇五）。かくして彼は、私の最後の情熱を救済した。——人間たちの旅を、私は思い描けるようになった。

ここに来てやっと、哲学者になる準備が整ったというわけだ。

農民と船乗りの子であり、オック語の語り手[6]であり、高校（リセ）や大学でその基礎概念を受けいれたり、そこで教わる重要なテキストを読んで身につけたりしたのとは違う文化を、みずからのうちに持っている自覚がある私は、相も変わらず同じ場所で同じように生まれた同種の人々が、相も変わらずある別種の人々について研究してきたということに対して、しばしば腹を立てたものだ。私たちは、ピレネーの牧人の集団やモンゴルの羊飼いたちが、コレージュ・ド・フランスやコーネル大学、オックスフォード大学にはせ参じて、尊大さを身に纏（まと）った教授や研究者たちの政治的、性的、宗教的な習俗を観察するのを、一度でも見たことがあるだろうか。幾つかの人間科学は、半‐伝導体として機能している。私はこの観点を転倒することを夢想してきた。

私たちが例えば古代、中世、近代、現代の西欧の作品を、詩や、小説や、科学や、哲学に分類するというのであれば、それらをクワキウトル族やイヌイット族、アチュアル族やドゴン族の語りに耳を傾けるように、読むことができないだろうか？　民族学の研究領域として私たちの文化を眺めるくらいに、私たちの眺望（Site）を転倒することができないだろうか？　モンテスキューのなかのパリ人は、こんな風に自問自答した——「どうやったらペルシャ人たりうるのか[7]」と。私は、次のように叫ぶことを夢想したのである。——どうやったら西欧について記し、理解し、考えることができるのか、と。ガスコン人として生き、考えたことは、この計画をやり遂げるためには不十分だった。この立ち位置は狭く、それがもたらした智慧も限られていたので、計画のための十分な土台を与えてはくれなかった。ぐるっと方向を変えるためには、対象と同じくらい幅広い一つの観点が必要だったのである。

一つの観点、ある観察のための眺望、ある視円錐（Cône de vision）の頂点……こうしたものは、部分的、または粗大な対象から、斜めの断面を切り取る、ただそれだけである。古典主義時代の人々は、こうしたパースペクティヴをセノグラフィ（Scénographie）と命名していた。つまり、この時の視円錐の断面に現れる風景のありよう、ということである。すると私は、私たちが西欧と言っている文化を、ようするにオック語の農民の小さな限られた観点から、独特の、狭い、偏った、取るに足らないセノグラフィから眺めていたわけだ。

ところで、先に述べたデスコラの分類は、古典主義の時代がイクノグラフィ（Ichnographie、平面分解図）とか、実測図（Géométral）と呼んだものを、世界の諸文化のうえに描き出すものだ。神のみが、とライプニッツは言う。あらゆる観点から一度に、何ものかを見たり、世界を見たりすることができる、と。なぜなら、彼はありうるすべての眺望（Site）に、同時に遍在するのだからだ。彼のみが、あらゆるセノグラフィの総和を統合して、物自体を見るのを誇ることができる。ところで計算を統合し、諸関係をグループ化して、デスコラの分類が眈っているのは、こうした総和なのだ。――相対的な普遍性、と著者は語っている。私たちはいまや、あらゆる文化を一つ一つ、古典主義の時代の全知の神を除いては到達不可能であると私が思っていた、このあたらしい眺望から、眺めることができるのだ。それゆえどうして、すぐさま私たちの文化を検討しないでいられようか？　夢が、潜在的に実現されるのを私は目の当たりにしていた。

　この本は、そうした夢を語ったものである。

四つの世界像

以下、各章ごとに、先に述べた分類から抽出された世界像の一つを採りあげよう。それはアマゾンやオーストラリアや、北極地方の諸部族が実践しているものだ。どうしてそれを宗教（Religion）であると言わないのだろうか？　というのも、実際そこで問題になっているのは、諸関係（Relation）を分類することなのだから[9]。

　世界像の一つ、アニミスト（Animiste）においては、あらゆる存在のうちに同一の魂が見出されるが、それらはめいめい独自の身体を纏っている。ナチュラリズム（Naturalisme）においては、逆にあらゆる身体（物体）が分子や原子といった同じ成分によって形づくられるが、内面性を備えた魂がただ人間たちだけを、各人によって違った風に、文化や社会ごとに多種多様に活気づけている。――この第二のものの見方は、どちらかといえば近年の西洋を特徴づけるものだ。

　もう一つ別のもの、トーテミスト（Totémiste）は、人間たちのあいだの相違を、動物や植物の種において示される相違によって理解し、しばしばある人間をある動物やある植物に照応させる。最後に、アナロジスト（Analogiste）の見るところでは、実在するものはすべて異なっており、彼は無秩序で離散的なもののうちに可能な関係を発見することに、精根を傾けている。

かくして世界旅行においては、物理的もしくは政治的な世界地図とは異なる地図が作成され、ある文化がある世界像に支配されているのに応じて、あらたに地図が分割されることになる。――海で区切られた五つの大陸に代わって、この分類は四つの群島を再構成する。そこでは地理的に遠く離れたもろもろの社会が、ふたたびグループを作り直すのである。

私はこの地図を、自分の文化を旅するために活用したのだ。

幾つもの声を持つ言語

そんなわけで私は、自宅を離れないで世界旅行をすることができた。というのも、昔も少し前も、今日も相変わらず、私たち西欧人はアニミスト、トーテミスト等であったし、あり続けているのだから。そう、身内よりもなお親しい、これらの世界像を私たちは作ったし、相も変わらずそれに従っているのだ。驚きではないか――われわれの古くからの遺産や、現代のフォーマットが、それでは民族学で諸文化が分類されるように整理されるというのだろうか？　その混淆状態を理解するためには、コントや他の人たちのように[10]、それを歴史の時間の二に割り振って、例えばかつて私たちはフェティシストであったが、進歩によって今日ついに真実の世界像にまで導かれ、もろもろの古い誤謬から解き放たれたのだ、と主張しないようにしさえすればいい。一般に先人たちに対する素朴な、どうかすると復讐的なイデオロギーによって培われた、こうした型（タイプ）の小さな物語は、それが空間のうちに課しているあらゆる中心主義を、時間へと投影し、みずからが囲い込んでいる現在にも投影するものなのだ。

　継ぎ合わされたこれらの群島を手がかりに、私のポルトラン海図はもろもろの人物や、作家、詩人、小説家たちの作品、数学、生化学、宗教、神学……あらゆる領域に散らばった、歴史家や哲学者、科学者たちの著作で占められた諸空間を、再グループ化する。トーテミストの大陸、アニミストの島……といったものが、はっきりとした区別なしに、人々の、もろもろの思考もしくは行為の全体を、かわるがわる結びつけるのだ。私たちの文化は、それらを区分けすることに無上の悦楽を見出していたのだが。私は始めてたやすく第二の夢を、私たちが互いに違っていると見做したがるもろもろの《分野》、言論、実践、理論たちを幾つもの声で語り、共通の一つの言語で表現するという夢を、実現することができる。ケリュグマ（Kérygme, キリスト教の「告知」）と定理（Théorème）を、小説と詩を、歴史とシステムを、たった一つの言葉を発するだけで語れるのは、私にとって愉快なことだ。つまり、あたらしい民族学的な地図においては、地上の空間ではシベリア、中央アメリカやマリのように離れた島々が隣り合うのである。これから続く書物では、私たちの文化において儀式とバラード、数字と小説のように異質な領域が、別の地図によって結びつけられることになるのだ。

　色とりどりのマントを羽織ったアルルカンが、白い、月に憑かれたピエロにもなり得たように、あたらしい群島は散らばり、それから一種の大陸もしくは白黒の明暗画法で描かれた総体になろうとする。——一種の幹（Souche）[11]になろうとするのだ。私はこの万能（Totipotent）形而上学が、自由な創意やあたらしさの選択をさせるに十分なほど柔軟なものであることを願っている。

そうであってこそ、生命は細胞によって、幹細胞をもとに、多種多様な分化を成し遂げたのである。

無歴史的な批評についての小論

もし文学史が、その時代の経済的、社会的、政治的、心理学的……な条件によって、ある作品を解釈し、明らかにすると言うなら、それらの作品たちが、まるで日記のページを記そうとしていたかのように、当世風の内容のうちに身の周りのものを反復し、反映しているその意図も、まさに精確にそうしたものであった。いま述べた歴史的な批評で語られる平凡な事象は、他方ではもろもろの必要条件（Conditions nécessaires）の領域に関わっている。——ある男とある女の息子である作者が、ある条件のもとで、どこかで暮らしているということ。これこそはまさに、必然性（Nécessité）によるものである。——しかしながら、その作品を説明するためには、十分条件（Conditions suffisantes）を見出す必要があるのだ。それはいつまでも手が届かないほど、稀なものである。そんなわけで、こうした歴史的な企ては、もっぱら大学の課程で、みずからを再生産することだけに従事することになる。[12]

科学史もまったく、同じような疑いを免れてはいない。科学の歴史に関して、それは、もろもろのパラダイムやエピステーメーが、その流れに則って順繰りに続くといったたぐいのドラマツルギーに、往々にして妥協してしまう。これらのパラダイムには断絶が散りばめられており、その物語は確かに劇場風で面白いのだが、先の文学史と同じく、必要条件にもとづく真理といった性格をやはり持っているのである。というのも、現実の歴史はあまりに多くの事実で満ちあふれているので、もろもろの出来事のどんな連鎖であれ、そこでは真実とされてしまうのだ。——そこから選び、選り分け、何かを残し、そして他のものを忘却しさえすれば、問題となっている連鎖が真実だと思われるのである。企てがつねに可能であり続けるのだから、歴史家はけっして誤ることがない。まずいのは、それがいつも正しいと言うことである。他のどんな物語も同じように真実になりうるのなら、他のどんなドラマツルギーも同じだけ成功を勝ちとることになるからだ。笑おうではないか。

違うのだ。問題は音楽であり、絵画であり、文学もしくは科学であり、ある発見が生まれることであり、一人の創造者が現われ、その直観が世界像を変えることであり、そうして他者性が模倣性を雷（いかずち）で撃つということである。独創性は、同時代人のあとを追う羊たちのような真似はしない。そうした羊たちの条件は、誰からもあまりにも必然的と思われるものなので、彼らは独創性が現れるのを見ることができないのだ。創作者（クリエイター）、それは予測可能な似たもの連中、それゆえ予期しがたい隠されたものを理解することができない連中にとっての他者である。というのも彼は、ここによそをもたらし、現在に時ならぬものをもたらすのだからだ。

似たもの連中は、彼らを焼き殺してしまう怖れのあるこの雷に備えるため、こうした他者に対して無感覚になり、認めようとしないか、ちらりとでも目にしないように排除する。にもかかわらず、この他者が古い共通の歴史になった時、どうしてあなたはこの同じ歴史が、この他者を説明してくれることを期待するのだろうか？

　時代の彼方で探し求め、よそを見に行くこと。まさに間違いなくここには空間の旅、もろもろの文化の世界旅行がある。この空間上の移動の結果は、私を歓びでいっぱいにする。それがすべて、ずっと真実だと言っているわけではさらさらない。もろもろの文化には、むしろ私よりもさらに洗練された混淆を示して欲しいと思うのだ。

　同じような鬘（かつら）をつけた人の群れのなかで羽根飾りをつけ、毅然としたわれらが先祖たち。われらが現代の天才たち……。彼らは鬱蒼（うっそう）とした森林のなかで、もっぱら狩りをしているのだろうか？

第一章　われらがトーテミストの系譜

トーテミズムの三つの定義。第一のものは、よく見られるもので、ある人間や集団を、何らかの動物や植物と、さらには何らかの性質と関連づけるものである。例えば漫画ではインディアンが《大胆な鷹》と呼ばれたりするし、道路情報サービスは馬鹿げた行政によって、《抜け目ない野牛（ビゾン・ヒュッテ）》と命名されている。(1) 臆面もなく白状するが、若いころボーイスカウトで私は、《狐きちがい》という、個人的なトーテムの妙なあだ名を頂戴していた。これはむしろ私を讃えるものだった。というのも私は狐を崇拝していたし、それら身近な神々を深く愛していたからである。だが私にはまた、もう一つの集団的なトーテムがあった。――狐でありながら、長年にわたってパトロール隊・虎に属していたのである。矛盾なしに、少なくとも二つの肉食四足哺乳類に関わっていたのだ。

二番目の定義は、もっと集団的で、もっと学問的であるとも思われるが、レヴィ＝ストロースの仕事に由来するものである。その『今日のトーテミズム』が明るみに出すのは、一つの論理である。植物と動物のもろもろの種のうちにたやすく見てとれる、示差的な違いを利用して——鷲と狼がどんな点で異なっているか、分からない者がいるだろうか？——、集団やさらには部族のあいだの似たような非・連続性をよりはっきりと示そうという分類の努力が、そこにはあるのだ。

地球上のもろもろの《存在論（オントロジー）》を、本書の章になっている四つのカテゴリーに分類することに没頭しながら、フィリップ・デスコラは、トーテミズムの一つはより個人的で、もう一つはより集団的な二つの最初の定義を、組み合わせている。そして彼は、関わっている何らかの生きものとのあいだには、身体と同様に内面においても類似が見られるということを力説する。こうした方向づけのもと、彼はオーストラリアのアボリジニから、高緯度地方やまたアマゾニアのアメリカ・インディアンにまで続いている群島を、世界地図にくっきりと描き出してみせるのだ。今度は私が、私たちに固有の習慣、私たちのもろもろの機構の内部、私たちの文学のなか、私たちの学者たちのもとで、いくつかのトーテミストの島々の輪郭を浮かび上がらせてみることにしよう。

私たちのトーテム、狼

『寓話』のなかでラ・フォンテーヌは、狐についてもっとも多くの言葉を費やしている。——私のトーテムにとって、なんという栄誉だろう！　言及される順では、王ライオンがすぐその後に続く。権力があるという理由は、二番目にしか通用しないからだ。そして、三番目にくるのが狼である。

とはいえ、私たちがいまだに暗唱している血なまぐさい寓話は、《うむを言わさず》[2]子羊を深い森のなかに運び去って食べてしまう者の残忍なふるまいを、嬉々として詳しく語っている。祖先たちは、私たちに狼の恐怖をたたき込んでいるのだ。狼は私たちの暮らしに、夜に、子供たちのお話に付きまとっていた。私は別の場所で『寓話』とは逆に、私たちが、私たちの羊飼い、犬、先祖、教師たちが、えてして狼を、自分たちの犠牲にしていたことを明らかにした[3]。それ以来、スケープ・ゴートになったラ・フォンテーヌの狼は、長広舌をふるって口頭弁論を述べたてるまでもなく、そこでほとんど合法的なやり方で復讐を果たしていたに過ぎないのだ。ずばり言うなら、いみじくも「狼の死」[4]を讃えていた、ヴィニーだけが分かっていた。彼はその獣を、気高いストア主義者に仕立てあげているのである。

そうは言っても怖ろしい。デュドヴァン男爵と結婚したジョルジュ・サンドはランドの森で[5]、窓の向こうの樹を揺さぶる風の怒号のもとでぐっすり眠っている夫の傍らにいて、不安に満ちた眠れぬ夜を耐えていた。おそらく、私たちが皆そうしたように、彼女はラ・フォンテーヌを読んでいただろうが、彼はといえば、近代的な妻とくらべて古風（アルカイック）な狩猟の文化に属しており、古くからの親密な交わり、狼との古代的な共謀関係を生きていたのだ。夫婦は別れることになる。――彼女は農耕と放牧であり、彼は狩猟採集。彼女はポスト新石器時代であり、彼は相変わらずトーテムたちのうちに絡めとられているのだ。何千年もの年月が彼らを隔てていたわけである。彼らは人類学的に、同じ文化で暮らしていなかったというわけだ。若いフェミニストが、どうして古風な森の人に耐えられただろうか？　『わが人生の物語』のこうしたエピソードを読んで、私の幼年時代よりももっと地域や文化や言語が異なっていたフランスを、まるで体験したかのように私は思い浮かべたものだ。ベリー地方の凡庸な民族学者であるジョルジュ・サンドが、狼と一緒に人生を生きるランド地方の野蛮人のふるまいを理解できなかったことが、それゆえ私にはたやすく想像できる。誰がモーグリと結婚するだろうか？

さてそんなわけで、かくも異なったこのフランスで、一様にルヴィエ、ラ・ルヴィエール、ルピアック[6]……等と名づけられた小さな集落や、村や、家族や、人々がこれほど多いということは、このつい近頃まであった古代をいまなお証しているのではないだろうか？　そう、私たちは狼たちとともに暮らし、彼らを畏(おそ)れ、狩り、崇めていたのだ。——彼らは私たちに、最良のペットである犬をくれていた。ラ・フォンテーヌは、彼もまた、それとなく、しかし誰よりも巧みに、家畜化（Domestication）がどのように生じたのかを語っている。——おそらく飢えと、狩りの共有によってである。この話題には、後ほど戻ることにしよう。

狼たちはまた、私たちにどうやって子供たちに教育するのかを教えてくれていた。——ロムルスとレムスは雌狼の下で乳を飲んでいたのだ。雌狼（Lupa）とは、また娼婦を意味していたというが、それゆえ彼女自身トーテムを持っていたのだ！　アテネの学校やフランスにこれほど沢山ある高校(リセ)は、ティトゥス・リウィウスや『ジャングル・ブック』がそうであるように、猟犬の群れのなかで狩りをするために、飼育や見習い修行の段取りを整えていた、動物行動学者としての狩人たちの、よく知られた見事な教育法を思い起こさせる。実際のところ、高校（リセ）（Lycée）がギリシャ語の狼（Loup）[7]の翻訳であることを、誰が覚えていないだろうか？　南アフリカの植民地主義者であり、キプリング――こちらはインド人もどきであった――の崇拝者であったベーデン＝パウエル[8]が彼の狼の子（Louveteaux, ボーイスカウト）を欲しがったように、フランスは高校生たちが小さな狼であることを夢見たのだ。多くの同国人のボーイスカウトや高校生と同じように、私を生み出した教育は、狼で二重にトーテム化されている。これこそまさに、わが第三の肉食四足哺乳類なのである！

　いくつかの寛大な試験のあとで、いまでもフランスでは国家の機関が、一定数の若者たちに月桂樹の果実（Baie de laurier）という賞を与えている。日常語ではバカロレア（Baccalauréat）という語で訳されているが、これは行政によって、うら若い娘たちや初々しい青年たちが月桂樹というもう一つの植物のトーテムのうちに分類されたことの証しなのだ。大プリニウスが幾つかの植物を分類するにあたって、オークの葉は将軍たちの頭を飾るものであるといった具合に、われわれが社会的な役割にあたるものと呼ぶような効能までつけ加えているのを笑うのは、確かにそのトーテミズムを理解しないからである。しかしそれ以上に、私たちの言語が現在もなお保っている、われわれ自身のトーテミズムを知らないからなのだ。

　狼たちは、私たちの主人たちがかつてルーヴル（Louvre）で君臨したように、忠告の岩で君臨しているアケーラ[9]の権威についても教えてくれる。この王者たちの洞穴には、どんな狼が姿を現していたのだろうか？　あるいは王者たちがそこで、狼の息子のようにふるまっていたのだろうか？

私たちの文化は、歴史的にも政治的にも、高校（リセ）からルーヴルへと向かっている。——私たちは狼から決して離れられないのだろうか？　また、どれほど多くの悪夢が、私たちを狼狂いや狼男に変えてしまったことだろう？　私たちが、狩猟採集者として大地を駆け巡っていた時代を受け継いで、これらの変身がいまなお私たちにとり憑いているのだろうか？　オウィディウス[10]やアプレイウス[11]を読み返すまえに、私たちのうちなる子供‐狼を蘇らせよう。いいや、狼のトーテムは、羌戎[12]が語るようにモンゴルの草原だけのものではなく、私たちの文化遺産の不可欠な部分をなしており、あるいは少なくとも、私たちの場所とその命名、私たちの物語、習俗、慣わし、夢想のうちに、読み取ることのできる痕跡を残したのだ。この活き活きした、黒い忘却が私たちの記憶のなかになかったら、ちょっと前のアヴェロンの野生児ヴィクトール[13]の事件や、近年アルプスに狼の群れが戻ってきたことが、あれほど感動を呼び起こすこともなかったのではないだろうか？

　花々や鳥たちへの愛によって、アッシジの聖フランチェスコは吟遊詩人（トルバドゥール）であること、地方の農民とヨーロッパ人のうちにいまだ根付いている異教徒たちの宗教を復活させたことを証しているが、改めてグッビオに、狼のもとへと馳せ参じる。私があらゆる賛美を捧げ、わが人生で可能なかぎりのまったき愛を捧げた、貧しき者（ポヴェレッロ）、小さな貧者は、その洞穴におもむき、口のきけない獣と語り、残虐行為をやめることを彼に約束させる。——その代りに、訪問者はその獣を養うであろうと誓うのだ。家畜化（Domestication）を再演しながら、フランチェスコは共生を予見している。愛と憎しみ、敵意（Hostilité）と歓待（Hospitalité）……われわれの種と狼（Canis lupus）との友愛は絶えることがない。歴史家たちは、聖フランチェスコが、異教徒であり続けていた農民の世界をキリスト教に改宗させたのだという。キリスト教は彼より以前には、都市に閉じ込められたままだったのだ。彼がそれをなしえたのは、ここではトーテミストの宗教、他の場所ではアニミストの宗教といった具合に、彼らのもののような宗教を示したからである。キリスト教徒－異教徒の聖フランチェスコは、一つの宗教を別の宗教によって完成させる。ここでまた私もそれをなぞっているのだ。

私たちはいまだに無意識のうちに、その慣習や制度の多くにおいて、トーテミストであり続けている。ペットの動物に夢中になり、寄り添って、彼らのトーテム、犬を引き連れた子供たち、大人たちは、どんなにトーテミストであり続けていることだろう……

寓話、エッセー、物語(コント)

……私たちの文学の多くのテキストにおけるように……トーテミズムの分類の能力はラ・フォンテーヌの『寓話』のうちで炸裂している。そこでは現れる動物や植物が、自分たちのうちに隠しつつ、人間たちの個性を、少なくとも潜在的に、明らかにしているのだ。そのタイトルや題材の大部分で、二つの種が対置されている。――「ロバと犬」、「オークと葦」、「二人の友」……動物たちや植物たちのあいだでたやすく目にとまる示差的な違いによって、すでに見たように、愚かものと穏和なもの、乱暴ものと弱者、謙虚なものと尊大なものといった風に、つまりは社会的な集団や階級の特徴が整理されるのだ。

『寓話』がとっている社会政治的な解釈は、そのトーテミスト的なからくりを、二つに分断してしまっている。ライオンやカボチャ、オークの樹や狼があふれるほど登場するにも関わらず、獣や植物たちをぼかし、なにか特定の粉屋や、靴の修理屋、金融資本家、ムガール帝国の王といったものではなく、ただよく連想されるにすぎない人間たちにもっぱら関心を向けているからだ。そんな風にして、こうした政治社会的な解釈は、日常的な歴史から、その時間的な厚みが、書かれたもの以前にすら遡るような、途方もない持続を割り引いてしまうことになる。

というのも、ローマのファイドロス、古代ギリシャのイソップよりも以前、人生がアラム語で描かれ、おそらくイソップが模倣している『アヒカル』[14]——これは紀元前七世紀から六世紀ごろに、アッシリア－バビロニア社会で大流行したことが分かっている——よりもずっとまえから、この種の寓話は、農村において口承で広まっていたものなのだからだ。そんなわけで社会政治的な解釈は、すでに《自然》から遠い、狭い、いわゆる《教養のある》身近な空間から、大昔からつい最近まで、世界の至るところに分布していた伝統、西欧でも少なくとも田舎では田舎趣味として、少なくとも寓話では寓話の趣味として受け入れられていた伝統を割り引いてしまう。しかしそれは、都会の博識ぶった連中がつねに忘れ去っているものなのだ。私たちの文学的な物語は例えば、ライオンも狼もロバも決して目にすることがなく、いつも王侯貴族や村人を眺めている。だからこそ、政治や、社会階級、法や倫理は、何千年ものあいだ、ムガール帝国からパリまで、アッシリアからギリシャまで、ローマからフランス、新石器時代からコンピュータまで、ずっと似たり寄ったりであろうということになるのだ。こうした次第で、広大で、永く、深遠な『寓話』は、せいぜい末席のものでしかない、束の間のありきたりな社会政治的な倫理のために、おのれを見失ってしまったのである。私は長いあいだ、これらのテキストのうちに一つの計画や、なんらかの秩序を探し求めてきた。――愚かなもくろみだ。実際には、『寓話』が狼、ドングリ、もしくはカエルといったトーテムを並べているのを見さえすれば、それが分類を行うものだということが理解できるのだ。まさに、生き物たちのはっきりした秩序や分類をそこにもたらすために、『寓話』は社会の混沌（カオス）をトーテム化しているのである。人間たちの関係、気違いじみて残酷な分断や区別について理解するためには、もろもろの生物種に多かれ少なかれ見てとれる際立った違いが、最良の手掛かりであるように思われる。集団は、互いを食べあう獣たちとして整理されるわけだ。そんな風にして『寓話』の秩序は、生き物の秩序を再生産する。これはまさに、レヴィ＝ストロース流のトーテミズムである。

逆に、ラ・ブリュイエールの『人さまざま』では、獣や植物たちの姿が現れない。「私は、テオフラストスの『人さまざま』を引き継ぎ、私のものを彼の翻訳から始めよう」と彼は語っている。何のために、こんなすりこぎ運動[15]を行うのだろうか？　問題となっているのは、古代人の近代人による模倣ではなく、それだけになお例の模倣的でピクロコール戦争[16]じみた新旧論争[17]でもない。むしろおそらく古典的な、だがその存在が隠れていながらも存続している目録（リスト）への遡行なのである。

というのも、このアリストテレスの弟子であり後継者であるテオフラストスは、植物学のいわば先駆けであって、彼の師が動物とその多様な諸部分を分類したように、植物を四つのグループに分類している。[18] ラ・ブリュイエールは、話のついでに自分が規範とするものに言及する時には、歴史を通じて残った業績として、植物、魚、石、蜂蜜……についての、博物学のもろもろの論文を列挙する。テオフラストスはどうやって、世界にまつわるこの第一の構成から、社交界の『人さまざま』のうちに理論のようなものを探し求めた第二の構成へと、移ったのだろうか？ 彼の師であるアリストテレスはどうやって、彼より前に彼と同じように、動物たちの研究からアテネの政体や制度の研究に移ったのだろうか？ 動物学者と植物学者はどうやって、植物や動物たちから顔をそむけ、個人たちや諸集団を分類したのか？ それらを結びつけていた、トーテミズム的なからくりをほどくことによってだろうか？ 実際には、トーテミズムが結びつけている、関係の二つの要素や差異化された集合を、それぞれ個別に考察するだけで十分だったのである。

多くの文化において、彼らの目に明らかなもろもろの生物種を隔てている差異と、人間たち、諸集団、個人を特徴づけている差異との類似を、描きだすことが便利であると思われている。この関係を念入りに作り上げること、この道をひらくこと、実際のところ、民族学者がトーテミズムと名づけたものはそれである。アリストテレスの仕事と弟子の仕事は、このからくりを二つに分割することによって、社会科学を切り開いた。それによってこれらの仕事は、一方では博物学をいまだ純粋でない目録のうちで獲得し、また他方では制度もしくは性格にまつわる知を、いまだ種的な（Spécifique，独特の）ものとして獲得しているのである。[19]

実のところ、テオフラストスにあっては、その後継者と同じく、相変わらず人物描写において個人は種と混同されている。無礼な人物は田舎っぽさに、満たされない心の人は貪欲さに、といった具合にである。まるで彼らが二人ともいまだ、単独の人物を集団から区別することに、いくばくかの困難を感じていたかのようなのだ。例の新旧論争は、こうした古代の継続のまえでは、大して重要ではない。ラ・ブリュイエールはそれに気づいていただろうか？　文学史はそれに気づいていただろうか？

少なくとも私たちの言語それ自身は、作品のフランス語でのタイトル『人さまざま（カラクテール）』(Caractères)が、ラテン語のC(h)aracterに由来するものであることを憶えている。これはがんらい、羊、雄牛、馬といった、通常は飼い馴らされている家畜に印をつけるために、火で赤くした鉄のことを表す言葉である。このラテン語はというと、もともと植物学や、あるいはむしろ園芸に由来するギリシャ語であるCharax, Χάραξの流れを汲んでおり、この語をテオフラストスはまさに、彼の著作『植物原因論』で用いているのである。それが意味するのは、挿し木としてまた植えられるように、下部を切り込んで薄くしたオリーブの小枝である。――この語は切り込みと挿し木を同時に表している。――それからすぐに、葡萄の添え木を言うのにこの言葉が使われるようになった。次いで杭であるが、それが意味するのは、例えば目印にされた枝で作られた囲いといったものである。その後になって、ある共同体を取り囲んだ人の集まりを言うようになった。こうした日常的な用法に秘められているのは、都市や野営地の防御に求められていたものであり、ただ高くて堅固な、物質的な護りだけでなく、象徴的な護りが、トーテムに由来し、それを使って杭が得られた植物の種（しゅ）に由来する護りが、求められていたのではないだろうか？　文字の跡を記し、個人の特異で永続的なふるまいをまとめてグループ化する以前に、Caractères という語は、人間の植物に対する仕事のきずなを刻印していた。それらは二つとも最初は個体的で、それからある集団への帰属によって普遍化し、そうして同じ植物の切り込みによって保護されるのだ。トーテミズムが、古代と近代の二つの著作のタイトルのうちに、同じように横たわっているのである。

＊　＊　＊

それは、フェリシテが死んだ部屋の窓のもとに戻ってくる。彼女の鸚鵡（おうむ）は剥製にされて、聖体の祝日の行列が歩みをとどめる仮祭壇に麗々しく飾られている。フロベールは、小さな教会を市場（バザール）に変える。ところで女の部屋は、彼女自身の仮祭壇であるにせよ、またバザールに似たものでもある。そこに数知れぬ想い出を彼女は押し込んでいるのだから。この「純な心」[20]は、カトリックの宗教をくつがえし、そのかたわらに別の宗教儀礼の実践を見いだす。どんな実践だろうか？

まずは、物神崇拝（フェティシズム）である。それらの衣服、彼女が知った者たちのそれらの遺物こそまさに、フロイトの用語でいえば、フェリシテの情動が回帰的に固着している対象の、詳細（デタイユ）なのである。とはいっても、このがらくたのなかでも、最初は生きており、後には剥製になった鸚鵡はとりわけ、情動的なものから宗教的なものへと移行している。その女中はそれを、アメリカのもと領事である男爵の家族から、贈り物もしくは預け物として受け取ったのだ。男爵はそれをあちらから、一人の黒人の使用人といっしょに連れてきたのである。異国的な儀礼が、ノルマンディーにその痕跡を残しているのだろうか？　フロベールはインディアンなのだろうか？

　両親もなく、恋人もなく、財産もなく、言語もなく、精神もなく、言葉を繰り返すだけのフェリシテは、存在していない。彼女はあやうく死にそうになった事件、死んだ鸚鵡の身体をもう少しで見失いそうになった事件のあと、エクモヴィルの山頂でオンフルールの輝きを目に留めながら、ずっとのちになってようやく自覚する。彼女は自分が、他の人たちとは鸚鵡のように、種を異にしていることを理解するのだろうか？　鸚鵡のように、彼女もほとんど喋らず、他人の言うことを繰り返すだけなのだろうか？　死んだ、もしくは生きている動物が、個人的な実存を彼女にもたらすのだろうか？　フロベールは、彼のテーブルに君臨し、ガラスの眼で彼をじっと凝視している別の鸚鵡の剥製のそばで、物語を書いたといわれている。彼にとってそれは、彼女の臨終の時にとつぜん聖霊に姿を変えたフェリシテの鸚鵡と、同じ役割を果たしていたのだろうか？　三位一体の第三の位格が、キリスト教にトーテミズムの特徴をつけ加えている……あるいは、アニミズムの荒々しい息吹が吹いているのだろうか？

　答えはもろもろの偶像、もろもろのトーテム、一神教のもろもろのみしるしが混淆した、仮祭壇のうちに隠れている。ここには、『聖アントワーヌの誘惑』[21]の途方もない混淆の、縮約されたモデルがある。それは諸宗教を混淆したが、『ブヴァールとペキュシエ』[22]は諸学問を混淆したのである。

忘れがたい二人の独学者に、ブヴァール Bouvard――Bos, Bovis――という、牛（Bœuf）に由来し、ボヴァリー Bovary とも響きあう名前をつけ、もう一人には群れ（Troupeaux）ペキュシェ Pécuchet――Pecus, Pecoris――に由来する名前をつけることで、フロベールは彼らに雄牛の額と反芻動物の知性をさずけ、トーテム化しているのだ。さて、彼の『三つの物語』の最初の物語は、トーテミズムの系譜学として展開している。――それは、人がどんな風に自分自身の差異を、肉体や魂がそれと同一視される種を通じて考えるのかを説明している。二作目の主人公、修道士聖ジュリアンはどうかというと、狩人で皇帝であり、彼は動物のもろもろの種と地域の人々を二重に支配している。あたかも、彼によって結びつけられるように、動物と人々は平行して存在し、それぞれの人がある種と対応しているのである。

最後の「エロディアス」は、料理と酒と宗教が入り乱れる饗宴を催している。――それは、首を切られた洗礼者ヨハネの犠牲によって終わる。縮約されたモデルであるこの饗宴においても、『聖アントワーヌの誘惑』に描かれた、巨大で気違いじみたパノラマにおけるのと同じように、フロベールは宗教に魅せられており、そこから一つまた一つと世界のヴィジョンや諸宗教が生まれてくる、ある種の幹（Souche）を造りだそうとしているのだ。

それらをある『諸世紀の伝説』[23]として歴史化するのではさらさらなく、彼は稠密な絵の具のパテのように混ぜあわせる。あるいはむしろ、それらを教会や博物館やバザールにおけるように、結びつけ、並置し、互いに関係づけるのである。同じように、ブヴァールとペキュシェは不調和で、乱雑に投げ出された、非連続な知を蓄えている……ここにもまた一つの饗宴が、誘惑が、博物館が、バザールが、コレクションがある……見出だされた幹（Souche）の、別の認識上の類似物があるわけだ。同じように本書でも、結論において、これらの幹（Souche）はふたたび見られることになろう。これらのコラージュは、アナロジー的な第三の存在論（オントロジー）に取り組むまさにその時、どっと戻ってくることになるだろう。

自然科学の起源

ブヴァールとペキュシェの滑稽な知から、精確で真実な知識まではせいぜいあと一歩である。レヴィ＝ストロース風のトーテミズムは、その伝説もしくは真実が科学の歴史を飾っている逸話の一つである、たとえば次のような回想においても炸裂している。円形教室で、植物園で、さらに古くは王の庭園で、ある高名な博物学者、名前は誰でもいい――ジュシュー[24]だろうか？――が、稀少な種の見本を説明することに熱中していたのだという。そして彼は聴衆たちに、動物や植物を識別してみせるようもとめたのだった。知らないのか禁じられているのか、居合わせたものたちは黙っていた。その時、部屋の奥で扉が荒々しく開くと、まとった旅のマントを背中に翻（ひるがえ）らせ、息を切らせた一人の男がその場に駆け込んできた。　礼儀正しく帽子を脱ぎ、彼はすぐさま生物の見本があるのを認めると、その美しさに思わず感嘆しながら、現地語と学術的なラテン語の表現で二度、その名前を呼んだのだった。おお！　と教授は叫んだ。私の質問に首尾よく答えたということは、あなたはきっとリンネさんでしょう。見知らぬ男はおじぎをし、微笑む。——私はストックホルムから今日辿り着いたところです。彼はそう、認めるのだった。

この物語が作り話であると仮定すると、その大学的な意味がよりいっそう際立ってくる。——科学においては、専門家たちは彼らに特有なもろもろの差異を、種の……もしくは彼らの知の諸対象の差異にもとづいて識別するのだ……トーテミストの部族で女たちや男たちが、そうするのを民族学者が描写しているように。いま述べた自然人たちは、幾つかの動物の名前を名乗るが、逆にわれわれの学者たちは、彼らのうちの最初の者の名前でそれらを呼ぶのであり、それによって、それらを発見したとか、あるいはむしろ詳しく説明したとかいう者が際立たせられているのだ。

ところで民族学者は、この野生の思考が分類を行うのだと述べている。——相補性もしくはシンメトリーによって、動物や植物を分類する学者のうちに、トーテミストを見出さないものがいるだろうか？『植物学の哲学』（一七五一）のなかで、リンネはまさに、あえていうと古典的（Classique）になった、彼自身の綱（Classe）、目（Ordre）、属（Genre）、種（Espèce）……という分類を、軍隊（Armées）、軍団（Légion）、歩兵隊（Cohorte）といった（しかしいま述べたCo-horteが、庭園を補うもの（Com-plète）、つまり植物園（Hortus）であることを、誰が憶えているだろう?-）、まさしく人間を秩序づけるための別の分類と比較し、王国、地方、小教区といった、政治的、領土的な分割や、さらには類（Genre）、種（Espèce）、個別（Individu）といった、哲学的な概念をも操っているのである。綱（Classe）という言葉そのものは、ラテン語のClassisにまで遡るが、これは国民のうちで、軍職に任ずることのできる市民を区別したものである。ごらんのように、巨匠は専門用語のうちで、生き物たちを人間たちとは違った風に秩序づけないようにする配慮をし続けていたというわけだ。

それとは逆の、多くの分類が存在している。アンペール[25]の分類、もろもろの科学に割りあてられたベンサムやコントの分類、病気や疾病分類学のためのボワシエ・ドゥ・ソヴァージュ[26]の分類、さらに物語に関わるプロップ[27]の分類や、博物館学のための別の分類、さらには情動のためのものなど……は、はっきりと植物学もしくは動物学の分類から着想を得ている。いわゆる博物学（Histoire *naturelle*）は、歴史（Histoire）そのものに、政治や、社会的組織、人間のもろもろの仕事、ようするに私たちが文化と呼んでいるものすべてに、たえず付きまとっているのである。誰もがこうした対照については知っているのに、どうして誰もそれに本当の名前を与えていないのだろうか？ こうした関係は一つの名前を持っているが、しかしわれわれの無関心のために眼に見えなくなっているのである。その名前を用いるのに、ためらうことは少しもない。――トーテミズムが分類を行っていること、確かにそれを民族学者は私たちに教えてくれたが、私たちがその似姿を鏡のなかに隠していることは語らなかった。その鏡のうちに、あらゆる秩序を分類し、彼らについて書いたものたちをも分類するトーテミストを私は見るのだ。

今日、科学社会学者たちが、このトーテミストの部族の頂点にいることを、誰が知らないであろうか？ すでに挙げた、こうした習俗のアボリジニたちの儀式が、植物や動物たちをそれらに固有の差異にもとづいて分類したり、あるいは逆に彼らの同胞を生物の種にもとづいて識別したりするのだとすると、いま述べた社会学者たちは、それに携わっている人たちによってなされ、望まれた区別や分類を、自然全体にも、そのグローバルな知にも投影して喜んでいるのだからである。このトーテミスト的、あるいは一般化されたフェティシスト的な身振りによって、彼らはヒエラルキーの頂点にある、名誉ある祭壇をわがものにしたのである。

　哲学者たちも、古代ギリシャにおいて、中世や、また最近ではアングロサクソンの分析哲学の運動において、学派や大学と結びついた三つの契機で、そんな風にふるまったし、またふるまっているのだ。彼らが行う区別の洗練された、枝葉末節にまで至る複雑さは些末主義（スコラ）的に、彼らの教育の、討論の、研究の、職業の環境の種類（クラス）そのものを模倣している。概念や理論を、野生の思考が四足獣や鳥たちについてそうするように取り扱いながら、彼らはそれを驚くべき繊細さ、比類のない厳密さで区別し、分類するのだ。そして同時に――おそらくこれが目的なのだが――彼ら自身を分類し、注目を集めようとするのである。新たに明瞭になったあらゆる理論は、遠まわしにその発見者の際立った天才を物語ってもいるのだ。人類のうちで、いわゆるもっとも進歩した連中が、古代的と思われているものと同じようにふるまい、思考しているというのだから、おお、最高ではないか！キャンパスでは、私はいまやタンタンのように、アランバヤの偶像[28]の隠し場所に移動させられてしまったようだ。――しかしタンタン自身も犬のミルーを、彼のトーテムを後ろに引き連れてはいなかったろうか？

社会学者たちのように、すでに触れた哲学者たちも、分類の問題をみずから選んだ土地として持っていたのではないだろうか？　自然種（Natural Kinds）[29]についての討論によってもたらされた、もろもろの見解の種類の過剰な生産は、見事なまでに、彼ら自身の分類の問題を再現し、模倣してはいなかっただろうか？　実在論者、観念論者、プラグマティスト、唯名論者、本質主義者たちは、ポルフィリオスの樹[30]のように古い、あらゆる類と種が分類されるべく並べられた樹にも似た、一本の樹木のうえに整理されてはいないだろうか？

分類するものたちが、それ自体、彼らが対象を分類するように分類されるということ、彼らがどうであれ、どんな対象をどんな観点から分類するのであれ、その見方が彼ら自身をも同じように分類してしまうことは、過去であれ、現在であれ、未来であれ、トーテミズムが力づよく息づいているのを暴き出しているのではないだろうか？　皮肉なことに、この本もまたそうした役割を演じているのである。

哲学の《〜イズム》は、互いに枝分かれしてゆく。そしてそれによって論争が可能になり、今度は分類が可能になる。これらの哲学者たちはつねに、対比や討議や論争が認識におよぼす利点を讃えているが、それが表しているのは——戦線ごとに軍団を置くというラテン語のClassisに起源を持つ——分類（Classification）のおかげで、彼らが暖かい階段教室のなかで、別の方法による戦争を続けていられるということである。

その一方で誰もが、ルソーのように、植物学は平和なものと心得ている。もはや大プリニウスを笑うまい。彼は『博物誌』のなかで雄鶏と孔雀を、それ自体二つの属に分けられる鳥の第二の類のうちに並べているが、[31]それらは鳥占い師がその鳥の歌によって占うか、飛び方によって占うかによって区分けされているのだ。――同じように、オークは勝利した将軍たちと結びつき、ヤドリギはガリア人のドルイド僧と結びついている。この文献は、ラテン語学者や科学史家よりも、民族学者の興味を惹くものだ。そこに必ずや彼は、またもや、われわれ自身のトーテミズムの祖先を見出すことだろう。

それればかりか、ジャン゠マルク・ドルアンは、最近の著書『哲学者たちの植物標本』(二〇〇八)の終わりで、架空の植物標本のコレクションを形づくり、自分の話をまとめることで花を添えている。彼はこの魅惑的な標本を蒐めた植物で一杯にし、それを一つ一つ、豊かな創意で歴史にその名を留めている植物学者と結びつけているのだ。――蘭はダーウィンに、[32]芥子はシャミッソーに、[33]オレンジの樹はフンボルトとボンプランに、[34]苺の木はトゥルヌフォールに、[35]クワガタ草はリンネに、[36]隠元豆はその子葉とともにコントに、[37]薔薇はカンドルに、[38]その上さらにシロイヌナズナは現代の学者たちに……といった具合である。賞を割り振っているのだろうか？　そうではない。最終章で実際に、とうとう嘘偽りのない的確さで、この本の題名に答えが与えられたのである。――この『植物標本』の真の哲学、生命の諸科学の本当の哲学は、実のところ植物の種の差異と、それらに携わっている者たちを特徴づけている差異を、対比させるところにあるのだ。――まさしく、トーテミストの部族を支配する魔法使いたちのリストである。それぞれにその花が、それぞれにそのトーテムがある、というわけだ。

プリニウスやテオフラストスによって描かれた遥かいにしえの世から、今日この魅惑的な書物が刊行されるに至るまで、それらの著述家たち、高名な学者たち、博学な歴史家たちは、西欧では皆博物学に通暁していたが、こうした一群の人々が、紋切型の近代のイデオローグが区別するように、自然と文化という二つの領域を本当に分けていたと、私たちはなおも考えることができるだろうか？

＊　＊　＊

もし薬学が、今も昔も、このトーテミズムと結びついた実践から姿を現したものだったとしたらどうだろう？

少なくともフランスで、誰がガストン・バシュラールのことを忘れられるだろうか。彼の仕事においては、諸科学の客観的な明晰性は、詩人たちの内なる夢想から切り離されていた[39]。入口で空想を置いていかないものは、誰もここ（科学）に入ってはならない[40]！　だがそうすると、森の樹々の隙間で夜中に夜宴（サバト）をする魔女についてはどうしたものだろう？　ミシュレは魔女のうちに、いたって冷静に、自然科学とその医療的な応用の盲目的な起源を認めていた[41]。悪魔（サタン）、女、自然、科学……これは、歴史と文化から排除された四つのものとして、彼がまとめたものである。それらはそろって魔女裁判で有罪とされたのだ。どんな法の、どんな告発のもとでだろうか？

このミシュレ風の中世は、途方もなく長く、深い記憶へと遡るものだ。古代ギリシャの科学それ自体が、似たような魔術師をめぐる裁判の訴訟のあいだに姿を現している。——ソクラテスは自身の裁判でアナクサゴラスの名前を挙げ、この発生途上の科学の、数知れない司法による犠牲者たちのうちに加えている。彼らに向けられる大方の告発は、いまだ人文科学とも、政治的参加(アンガジュマン)とも呼ぶことができないものから巻き起こったが、その口頭弁論で主張されたのは、召喚された学者たちが、植物や動物や天体の観察をしていて都市の問題に関わりあっておらず、専念していなかったというものであった。つまるところ、現代の言葉でいえば、自然に関心があったために文化をなおざりにしていた、ということである。別名を市民と呼ばれる街の連中のように、世界にではなく都市に興味を抱かねばならなかったのだ。

　このようにして、社会を無視する者を社会は禁じ、政治を無視する者を政治は禁じ、法を無視する者を法は禁じていたのだ。もっと後には、メディアと社会学者が彼ら自身を無視する者を禁じることになろう。文化はつねに、文化を無視する者を禁じる。バシュラールは科学に関してそうしたのだ。世界と人間たちを一緒にすべきではない、というわけである。『自然契約』は同じ理由から、同じように軽く見られた。——それは、都市を忘却している、といって攻撃されたのである。

　そんな風に、ギリシャの、中世の、教会の、大学の、メディアの……といった、幾つもの裁判所は、先述の自然へのあらゆる関わりを、直接間接に、デスコラ風にいうならトーテミズム、アニミズム、アナロジズムになりかねない、あらゆる振る舞い、あらゆる思考、あらゆる試みを絶えず排除する。多種多様だが似たり寄ったりの、いかなる正義、いかなる法によって、これらの陪審団は、彼らの相も変わらぬ判決を引き出すのだろうか？

私はといえば、非難されるのはどうでもいい。いかに咎(とが)められようと、質疑に応じることなど無視する。探求して発見することには、裁くことよりも値打ちがあるのだ。

それゆえ、私たちの科学はおそらく、代わる代わる、また少しずつ、こうした忘却され、なおざりにされた世界観のうちの一つから生まれてきたのである。もろもろの科学の出現という問題について私たちは相変わらず盲目だが、それは歴史横断的で潜在的な訴訟が、つねにわれわれの周りで様子を窺っているからなのだ。森の樹々の隙間で、魔術師に合流してはならない。ところで逆に、何らかの法廷というものには決着もなければ、始まりもないことに人は気づく。批評(クリティック)は発明を引きずり下ろす。先生や教授は、若い連中に批評を教えているが、それはおそらく彼ら自身に発明の能力がないからであり、とりわけあらゆる秩序やフォーマットを危機に陥れる発明というものを、彼らがパニックになるくらい恐れているからである。

魔女裁判はかくして中世に、古代ギリシャで絶え間なく続いたアナクサゴラスやソクラテスやゼノンの裁判を結びつけ、それらのリストのほぼ最後の者であり——そしておそらく最初の近代人である——ガリレイの裁判をまさに予告し、私たちの時代の、原理主義者たちがダーウィンや《生の飛躍(エラン・ヴィタル)》に訴訟を起こした裁判や、さらにはでき上がった科学が内部で操る、発明を行う者たちを処刑し続けるもろもろの裁判までも予告する。野生の思考への憎悪、もしくは恐怖がそうさせるのだろうか？

　ところで、私が森のなかで再発見するミシュレは、彼が愛してやまない魔女の魅力を、情熱的に書き綴っているが、それは鎮痛作用や、催眠性や、毒を持つ植物たちの植物学について、治療者であり暗殺者でもある、この薬草使いのメディアへの共感[42]と、そのうっとりさせる魅惑について、もろもろの「慰めの植物（コンソラント）」（茄子科（ソラネ））[43]について、――ここでミシュレは、パストゥールの敵であるもう一人の魔術師プーシェの名を挙げている[44]――その蜜が症状を和らげもすれば、人を殺しもするズルカマラ、ベラドンナ（Bella donna）[45]といった、魔女のハーブについてであって、それらによって彼は、植物標本を構成しているのだ。トーテムたちの別名も、そこから出てくる。サタン医者となる、さまざまの魔薬と媚薬……[46]これこそが、薬学のトーテム的な起源なのである。

　魔女たちの魔術師、卓越した科学史家であるミシュレは、彼女らの振る舞いを普遍化し、ご存知のように膨大なものである彼の歴史についての仕事を、自然誌にまつわる五冊の短く、鋭い、奇妙で、学ぶところの多い、衝撃的な書物によって裏打ちする。どんな世界観に、彼は戻ろうとしていたのだろうか？　トーテミズム、そうである。アニミズム、おそらくは。いずれにせよ、それは『第三の知恵』に出てくる異種混淆のかけ橋であろう。王や王子たちを前にすると私は、彼らの戦争や駆け引き以外さっぱり分からないが、彼はかねて森の、野生の《自然》への、彼の魔女の大元である、美しく、若く、日に灼けた妻への感情を吐露するにまかせていたのだ[47]。私たちの文化においてもっとも重要な歴史家の一人がほとんど祭司のように、海を、鳥を、虫を、山を、女と結びつけながら、崇め、讃えて、祈りを捧げたということが、まったく奇妙なことではなく、当たり前なことであるのに気づかないだろうか？　発生状態の自然についてのこうした知を、彼はトーテム化しようとしたのだろうか？[48]

歴史時代の、日程上の諸学問の始まりを、まさしく彼の流儀で徹底的に分類してみせた同時代人のオーギュスト・コントは、同じようにその生涯を、彼が《大いなる物神》と呼んだ、地球規模の宗教で締めくくっている。[49]人生の終わり、彼らの学問の始まりにある、澄み切った境地のこうした賢者たちを、わからず屋たちは気が狂っているという。コントやシュレディンガーの『生命とは何か？』の半分しか、決して読まれはしないのだ。[50]

その微に入り細にわたる分類の努力によって、トーテミズムは私たちの自然科学を産み出すことができた。薬学も同じように、魔女たちが出没する森の樹々の隙間で、この起源に近い実践から生まれたのかも知れない。動物の家畜化（Domestication）ということについても同様だったのだろうか？　私は狐や虎や狼の名を持っていただけに、それらと大いに馴染んで暮らしたのだから、少なくともその一つを飼い馴らしていないということがあろうか？　それを家まで連れて来るだけで十分だったのだ。その場合、主人（Hôte, 客）[51]の役を演じたのは誰だったのだろうか？

ラ・フォンテーヌもまた、こうした出来事について描いている。野生の狼（Canis lupus）が、すでに農場で暮らしている犬（Canis latrans）と出あう。彼らのごくわずかな違いは、他のあらゆるものよりも古いと思われる、この家畜化によって生まれたものだ。それは昔のことなのだが、それでも種を異にしている二匹の動物のあいだには、ある連続性が流れている。野生に戻れば、茶色の番犬はたちまち自分を本当の狼だと思ってしまうだろうし、逆に狼は、人類に身近なものだったので、狩猟の戦略や教育の方法を教えることになった。ティトゥス・リウィウスや、『パンチャタントラ』[52]や、『ジャングル・ブック』で読まれるとおりであり、モンゴルの草原やルーヴル宮殿やリセで経験されるとおりである。ここにいるのは、ある種の呪物(フェティッシュ)のように、二つの頭を持つ同じ動物なのだ。「狼と犬」は、このオーバーラップを演出している。まるで、唯一の同じ種、野生＝家畜が、はるかな大昔から現在までずっとそこにおり、自分自身に語りかけているようなのだ。あたかも、狼と犬を結びつけるフェティシズム的、トーテミズム的な絆がある間ずっと、家畜化そのものが生じ、生じていた、生じ続けていたようにである。

寓話はまず、彼らの違いを誇張している。身体と空間について——片方は、飢えてあまりにも哀れで、貧しく、死にそうなので、骨のうえには皮しか残っていないが、これに対し他方は脂が乗って、筋肉ではちきれんばかりで、力強さと美に輝いている。どっしりして強い番犬と、そこに迷い込んだ、衰弱してみすぼらしくなった放浪者のあいだには、闘いなどあり得べくもない。闘いは、対話である。言葉が闘争に取って代わるのだ。犬は狼に、家畜化の優位を語るが、そこではまさに狩猟というものが転倒している。——もはやそれは、乞食を追いまわすことでしかない。強いものと闘うことではなく、弱いものの尻に吠えかかることなのである。ビュフォン[53]は絶えずあたりに注意を払っている、活き活きして、ぴんと立った、ごくわずかな兆しにも筋肉を震わす野生動物たちの耳と、家畜化されて用心深さと聴力を失った、犬たちの垂れたぶよぶよした耳を比較している。なんたる失態（フィアスコ）[54]。——庇護の代償というわけだ。

狼－犬の種の違いは相殺され、それゆえ家－森、家－外の空間の距離も相殺される。というのも、杖をついた哀れな乞食は、彼もまた道に迷っている（se fourvoient）のだからだ[55]。こちらには狼たち、あちらには野生動物たちが、森の外の道（Voies du dehors）を辿ってゆく。道に迷った（Four-voié）外の－道（Hors-voié）という言葉は、このVoies du dehorsに由来しているのだ。そんなわけで種は、彼らが占有する空間によって分類され、区別されているのである。——そこ（là）とそこの外部（Horsla）という風に[56]。

突如として、逃れ走り去るものと、杭に繋がれてとどまるもの、定住と遊動（ノマド）、野生と家畜化されたもの——私が言いたかったのは、《自然》と《文化》ということなのだが——の対立のあいだで、一筋の連続的な道が、かくして開けた空間において通じることになる。それは、道に迷った（Four-voié）、遠いものから、番犬、近く、綱と首輪によって狭い間隔に制限されているものへと通じる連続的な道である。

少なからぬ距離があり、多くの障害物がないわけでもないのだが、こうして通じた道でまるで一人の主人（Hôte）の家、Domus[57]に入るように、スムーズな家畜化（ドメスティケーション）が起こることをトーテミズムが支えている。家畜化は、トーテミズムとともに始まる。なぜなら、生物種たちの差異と人間たちの差異のアナロジーがまずそれらを近づけ、この道そのものを作り上げ、その端に足をとめる時、先述の家が現れるからだ。この道は、主人を見いだす運命へと通じている。その道筋に沿って、動物は捕食者の状態から寄食者（Parasite, 食客）の状態へと移行し、姿を変えるのである。『宦官』において、[58]ラ・フォンテーヌはすでにこうした移行を描き、準備していた。グナートンはそこで、（四一七―四三六年頃）どのようにして食客（Parasite）になるのかを明らかにしている。[59]この寄食者（Parasite）という語は、周知のようにまさに近さを測るものであり、食べ物、ギリシャ語でいうSitosの、すぐそばparaにいるということである。綱と首輪は、そばparaに制限するものなのだ。

犬はその仲間に、《森を離れる》ように勧め、人間の家に向かう道をついてくるよう勧める。そこにはただちに、諍いもなく、棲みかと、暖かさと、食べ物が《たらふくの残飯〔……〕／若鶏の骨、鳩の骨が》、優しい愛撫がある。とりわけ、彼は生きるための闘いの危険と厳しさから離れるように勧めるのである。《何も保証されていないからだ〔……〕すべては腕しだいさ》。そんな風にして、家畜化はこの道の上でのある旅を、移動を描きだす。――この道は始め、トーテミズムによって明確にされ、導かれていて、その上を生き物たちは呼ばれ、餌でおびき寄せられて辿ってゆき、寄食状態へと引きずり込まれ、次いで娯楽に魅せられるようになる。――だから私はしばしば、人生そのものが、寄食から生じたのではないかと夢想したものである。

＊＊＊

個人的には狐、集団としては虎、知によって私を引き上げた狼……私は民族学者が定義したトーテムを三つ持っていたことを、意識していただろうか？　私の周りの、われわれの文化に固有のいくらかの制度、ルーヴル、リセなど……は、それらがしばしば、その指導法や名前を、こうした野生の思考から借用していることを分かっていただろうか？　時代を超えて、文学はあちらこちらで、この野生の思考から霊感を受け、それについて長広舌を振るい、それを描き、物語っているが、哲学者たちは彼らのトーテムの周囲で互いに闘っているのである。さらには、おお、驚くべきことに、自然科学やそれと結びついたあれこれの技術も、高度に発達したものとされているが、そこから生まれてきたようなのだ。

もし、当代風の何らかのナチュラリズムが、私たちが今日そうするように、ずっと以前から自然と文化を分離していたとしたら、私たちは人生というものを知っていただろうか？　もろもろの種に関わる厳密な科学や、薬学や家畜化といった長い実践がどれだけ、生まれることすらできなかっただろうか？

私はこれからさらに、他の厳密科学たちのまさに起源における、別の野生のヴィジョンを示していくことにしたい。私自身の生涯や、われわれが慣れ親しんだ習慣、われわれの哲学や文学を、改めて少なからず見直し、完璧な一覧表を作るためにである。

第二章　魂は皆のために、衣服はおのおののために

《動かざる物よ、お前にはあるのだろうか？
われらの魂に寄り添う魂や、愛の力が》
——ラマルチーヌ「ミリィ」。

船乗りだった私の父は、泳ぐことができなかった。——浚渫(しゅんせつ)人夫も、そのお針子娘も、採砂場の砂利を荷降ろしする船頭も、クレーンを操る男もなおさら、泳げはしなかった。兄と私は、学校教育の進歩のおかげで、用水支線の作業場からさほど遠くないところで、木曜の午後、河岸の支柱に縄で腹を吊るされて平泳ぎを学んだものだ。おかげで私は溺れることになり、周りの人たちはマウス・トゥ・マウスや人工呼吸の練習をすることができた。三重の縄で首を絞められた窒息状態の暗闇からよみがえった、だから私は二度、生まれたことになる。

私の魚時代

……それも別の姿で。水のなかで、水の下で、水のあいだで生きているウグイ、鯉、カワハゼ。

兄と私は、悪ガキ（Polisson）状態からきっぱり足を洗い、魚（Poisson）になった。私たちは近隣の何人かのいたずらっ子をこの種族に仲間入りさせ、群れというよりは魚群となって動き回ったものだ。道や通りをごろついている連中はごろつきと呼ばれるが、水の場合はどう呼ばれるのだろう？　ばしゃつきだろうか？

さんざ笑いながら、私たちは水浴を思うさま愉しんだ。私たちは浚渫機の下にもぐり、船の緑の船体を探検していた。橋の上流では、渦巻きに巻き込まれた。——私たちはダムの滝に飲み込まれたものだった……。私たちは、泥のなかを歩いているというよりは、自分たちの家に住む以上に、ガロンヌ河に住んでいたのだ。その河床で、ベッドよりも安らかに寝ていたのである。自分たちを飲み込むものを、そこで私たちは飲んでいた。頭や腕を水の流れから出したり、速く泳いだり、漂ったりするのに、正しいフォームをとったり、覚えたりする必要はなかった。河岸と水底に慣れ親しみ、私たちは流れの合流するところや逆流、丸い砂利や粘土、尖った岩、ありふれた泥、河岸の葦、増水や夏の渇水を知り尽くしていた。まず河を横切るのでなければ、教室に顔を出すことも戻ってくることもないのだった。——歩いたり、自転車で行ったりするとえらく驚かれたものだ。

プールにいる連中がするのは、水泳である。——スポーツ的で、訓練された、ようするに作られたものである。私たちは、水陸両棲だと思っていた。——泳ぐことは、われわれにとっては、人が環境の真ん中でゆったり寛ぐ時に手に入れるような感覚だったのだ。私たちは、陸と水との二つの愉しみのあいだを泳いでいた。私が、本当にカワハゼを生き、水、青緑色の流れ、ガロンヌ河を他のものとは違う自己として感じたのだと言っても、間違いではないし、読者を騙すことにもならないだろう。

これこそが、私の身体に接ぎ木された、異質な身体の最初のフェティッシュである。――私の身体は、この身体よりも先にあったのだろうか?――子供-人魚、蛙少年、河童(Pédopotame)[1]。この親水性の状態を、海軍に入るとすぐに彼は永久に失ってしまった。そこでは誰も泳ぐことができないので、自分が大人になり父になったのだと分かった。船は水の上を行くのであり、水のなかではない。私はこの最初の動物化身を、置き去りにしていったのだった。

いまでは年を重ね、ずいぶん昔に筋肉も変わってしまったが、それでも私は自分の肌と骨の記憶のなかで、この若々しい鱒(ます)が跳ね回っているのを愉快に思い起こすのだ。

農民たち

失われたもう一つの時。西洋には二〇世紀のあいだじゅう、田舎風の暮らしが残っており、人口の大部分がその実践に携わっていたので、昔は当たり前だったことを私は言わざるを得ない。朝のうちにそっと、夜露やしもばしら、ひどい暑さに気を遣いながら起き、季節の気まぐれと月の満ち欠けの規則正しさに従い、雄牛や豚たちのそばにいて、小麦や葡萄、卵や仔牛の生産に親しみ……農婦や農夫は、都市の住人とは同じ国に住んでおらず、同じ景色や同じ空間さえも見ておらず、作りだしてもいない。同じ生身の者に語りかけてもおらず、同じ意味を持った同じ世界を感じてもいないのだ。舗石を踏みならす都市の住人は、壁に囲まれた囚人であり、街路や言葉の喧噪によって、耳が聴こえなくなっているのである。

農婦たちの一族の子孫である私は長いあいだ、街の連中がわれわれ田舎者をよりいっそう馬鹿にするために、自然–文化という区別を発明したのではないかと考えていた。われわれはそんな区別を知らなかったのだ。私たちは世界–内–存在である[2]――彼らは、自分たちが文化と呼ぶものを発展させる。――私たちのなりわいを、畝を、苗床を、収穫物を、彼らは私たちから盗んだのだろうか？　自然というものについて言えば、そこでは肉体も、富も見失われてしまう。水兵が海でそれらを失ってしまうようにである。こんな風に言っても間違いではなく、読者を騙すことにもならないと思うが、私たちは少なくとも漠然と、自分たちが無限の、身に迫るような、錯綜した、巨きな何ものかのなかに浸っていることを識っていた。それがどういう名前なのかは分からなかったが、しかしそれはぎざぎざになった雲縁や、雄鶏の夜の叫び、草のなかで風がうなる声と関わりのあるものであった。――この蠢き、めぐる環境に支配され、その偶然のうちに投げ出されていることを識っていたのだ。

彼らは立方体と、直線と、固体のなかで生きていたが、私たちは快くも苦い、どろどろしたこの松やにのなかで暮らしていたのである。彼らは組み立てられた、規則正しい、真っすぐなものの上に支配者として座っている。私たちは、不測のもののなかで、所与の運命のなかで突っ立っている。直線的な町は、世界にユークリッド風の規則正しい空間を立ち昇らせる。――トポロジックな広がりの束が、われわれの生きたものから生まれ、分岐する。――森の梢や、麦ののぎ、羽根や毛といったものから。

夏のヴァカンスのために、私たちのもとを訪れると、彼らはわれわれの世界があまりに甘美なので、エコロジストの楽園に暮らしているのかと思ってしまう。――刈入れが済んで、葡萄の収穫はなされ、果実は熟し、まだ耕作は始まっていない。いや、私たちが浸っていた、この細かく枝分かれした環境は、腰を痛め、肌を焼き、まめをひどく堅くし、大気の至るところを、うなり声や、雌鶏の鳴き声、悪臭を放つものや匂いが染みついたものが支配し、泥だらけで、埃にまみれ、落ち着かなく、欲望をそそり、陶然とさせ、眠気を誘い……自然で、産まれては滅んでゆく環境だったのだ。私たちは犂の柄や、くびきとその革紐や、穂や、房や、たてがみや、硬い毛、木の殻や、爪、角……といったものに触れていた。一つ一つは堅いが、錯綜したその全体はやはり堅いものの、時には家畜の乳房や桃の果肉のように柔らかく、そうしたものが夏の驟雨や匂いのように生じては、ざらざらしたものたちを埋めつくしてしまったものだ。たった一つの海のさまざまな小石たち。そのころの私には、今日のように、大気に満ちた同じ魂のうちで、これらの重く、濃密で、ばらばらな物体が夥しく分布していることを、言い表す言葉がまったくなかった。

私のうちにはいまだ、物言わぬ、知られざる農民がいるが、その禁じられた、しかし太古からある信仰は、流動的で巨大な生気をなす、事物や生き物、世界の、この魂のうちにあるのだ。それらの力強い潜在力は突如として、しばしば、そこかしこで現実化し、濃密なものとなる。鶏のとさか、馬小屋の木靴、納屋に並んだ角たち、近くの森のヤマドリタケ、麦わらの畑のなか、プラムの果樹園、西洋サンザシのやぶ、そして冬の黒い森といったもののうちで。私はわが先祖たちのように、田舎者のアニミストであり続けているのである。

今日の動物行動学による、動物－機械説のデカルト主義に対するピクロコール戦争(3)は、農民たちの慣習を知らない。またその考えが、私や彼らのもののような田舎の経験と三世紀にわたって調和を保っている、フランスの博物学者(ナチュラリスト)たちの古くからの理論のことも、忘却してしまっている。頻出するアニミストたちが、そこでは滅多にない《ナチュラリズム》に抵抗しているのだ。このナチュラリズムがおそらく、結局は大学の制度に由来する作りごとであることが、本書の最終章では明らかにされるだろう。しばしば民族学がそうするように、動物行動学もボノボや森のゴリラたちのところまで、私の古い地方性がまさにここで、何千年にもわたって生きてきたもの、牝牛や豚や雛たち、さらには蟻、狐や猪とともにある文化や習俗を探しにいっている。そこで私がふたたび発見するのは、私の物語と私の人生の冒頭にいた農民たちである。

定義

私たち異類、アニミスト人間は、われわれを観察する民族学者たちがいうには、生物たち、植物や動物たち、さらには生命がないと言われる事物までもが、私たちと同じ魂を持っており、同じ内面性、同じ習慣や文化、意図や感情を持っているところで生きている。私たちを唯一区別しているもの――それはもろもろの身体（Corps）であり、その分厚い球体が私たちを隔てているので、他者についての私たちの知覚は、それによって影響を受けるのだ。私の身体が私に垣間見させるのが、人間の魂を授かった狼や犬や魚なのだとすると、それら三つの動物は、私をどのように見るのだろうか？――人として見るのか、魚として見るのか？　それはアニミストたちの文化による、と学者たちは語る。[4]それらの文化が、それによって身体を具体化し、物質化し、重みを持たせ、詳述する文脈（Intensité, 強度）[5]によるのだと。ある者たちは、身体とは結局のところ衣装であり、おのおのが皮膚や毛皮や羽根をおもむろに脱いで、他のものを借りることができるとしている。私の身体は、鱗のコートを羽織ったことや、堆肥の靴を履いたことを思い出すのだろうか？

ここから生じてくるのは、変身（メタモルフォーズ）の容易さ、あるいは逆に困難さであり、それらの世界像の大っぴらな操作である。われわれ西洋の伝統は、こうした変化の描写であふれ返っている。――残忍なオウィディウス、愛すべきアプレイウスに纏められた、ギリシャやラテンの神話たち。ラ・フォンテーヌと、その「ロバの皮」の無上の愉しみ、[6]「鵞鳥おばさんのお話」[7]、セギュール伯爵夫人の「ロバの想い出」[8]、カフカ。私たちはアニミストとしての過去、現在を持っているのだろうか？　少なくとも、私が享受したのは、葦のあいだを河が潤す幼年時代や、オークの樹の真ん中での異教的な教育だったのである。

『寓話』の最終巻、風のなかの樹々

アニミズムは実際のところ、変身(メタモルフォーズ)なくしてはあり得ない。おのおのの身体が結局のところ衣装であるなら、衣服を取り替えるついでに裸体性、魂を垣間見ることもできるし、他のものたちが自分や私たちを、正確にはどう見ているかも垣間見ることができる。けものに変わってしまった女たちや男たちを、しばしば悲しい思いで眺めなかった者がいるだろうか？　人間化（Hominisation）の底にふたたび落ちて、彼らは鷹や鮫になり果て、彼女らは七面鳥や孔雀の態(てい)なのだ。[9]　動物たちが支配している「寓話」は、無情に（dur, 堅い）お互いを食べあっているが、穏やかに（doux, 柔らかい）、光によって生きる植物が君臨するものは、滅多に姿を見せない。

ピレーモーンとバウキスは、お互いに優しく愛し合っていた。[10]　ゼウスとヘルメスは彼らのところにお忍びでやってきた旅人だったが、誠実な二人の年寄りを、寄り添う菩提樹とオークの樹に変えた。そんなわけで葉むらと梢で、樹木の永遠さでもって、彼らはずっとお互いに愛撫し合い続けるのだ。

キルケーは、ならず者でろくでなしの甲板長たち、オデュッセウスの一味を豚に変えた。ラ・フォンテーヌは彼らを、あらゆる種類の動物にしてしまった。しかしオウィディウスから後、二人の恋人たちが動物に変身するということはない。というのも、他給栄養の動物たちはみずからを養うために殺し、それゆえ死によって生きるしかない。逆に、独立栄養の植物や樹木は、この原罪を免れている。こうした理由から、私たちはそれらを優しい（doux）と言い表すことになるのだ。意地の悪いものたちは、だから動物へと変化するだろう。彼ら、彼女らは殺すからだ。一方で善きものたちは、フローラとポモナへと上昇する。動物学者たちは地獄に落ちる。——恋する植物学者たちは、花々の楽園にいる。そんなわけで、頻出する動物たちと滅多に現れない植物たちを通じて、寓話は優しい穏やかなもの（doux）を、悪しき非情な（dur）ものから分けているのである。

ところで、枝葉や葉むらになった二人の恋人たちは、風なくしてお互いに愛撫できただろうか？そよ風がなければ、愛もないのだ。

第一巻、風のなかの別の樹々

「オークと葦」は、お互いに口論している。——まるで動物のようだ。いや、植物学が支配しているこの傑作は、生物よりもむしろ風について語っているのである。というのも、ひっきりなしに挙げられるのは、北風や西風、雷雨や嵐、水面のさざ波、幹を引き抜く激しい風、もしくはただ茎をたわめるに過ぎない風なのだからである。船乗りであり、われわれの素朴な寓話作者よりも穏やかな風をうまく見張っているジョウゼフ・コンラッドは、荒れ狂う嵐を北からやって来させるような過ちは犯さず、遠洋の野の皇帝という重要な称号を西風にあたえ、かりそめの小国の王である東風を高みから支配させている[11]。とはいえ、どこから吹いてくるにせよ、誰がこれらの風に翻弄されずにいられるだろうか？

二つの植物は、本当に口論しあっていたのだろうか？　私は別の場所で、二人で行われる古いゲーム、より強い方を決定するための討議や論争、二人の人間どうしが向かい合うむなしい闘いと、世界の現実の事物がそこに介入してくる、新たな三者間のゲームを比較したことがある。[12] ゲームはそれほどあたらしいわけでもない。というのも、ラ・フォンテーヌはその図式をイソップから借りているからだ。「オークと葦」はそれゆえ、動く砂のなかに埋まりながら闘っている二人の競争相手を描いたゴヤの絵に似ている。それぞれが打撃を与えるたびに、彼らの身体は埋まってゆき、ついには死んでしまうのだ。ここでは風が勝利するように、ねばねばして柔らかい、流砂がそこでは勝つ。寓話は表向きの二者のゲームよりも、この隠れてはいるが、しかしはるかに驚異的な三者のゲームについて語っているのだ。実際のところ、誰が勝つのか？　オークなのか？　葦なのか？　確かに一方が他方よりも勝るのだが、しかし何よりも、寓話でもっとも頻繁に、AからZまで、北風（Aquillon）から西風（Zéphyr）まで言及されている第三の者が勝利する。その強さは、近隣の全域を覆い、庇護していた巨人をなぎ倒し、その力はもっとも強いものすらひっくり返し、天にとどくまで空間を占め、その根を死者たちの帝国の下まで張っているものを殺してしまう。この垂直のものよりも、天地すべてにおいてさらに普遍的な風が、勝利するのだ。

堅い（dur, 非情な）オークの樹は、持続（durer）しない。よりしなやかで、より柔らかい（douce, 優しい）葦の茎は、おそらくもう少し持続する。またもや、堅い（dur, 非情な）ものは持続せず、柔らかい（doux, 優しい）ものが持続するのだ。[13] とはいえむしろ、ここで主人のように支配するのは二つの属性を持った、動く風である。それは実際に、そよ風のように優しかったり、情け容赦ない風、北風のように、非情に荒れ狂っていたりするのである。その本当の名前はこうだ——ギリシャ語の Άνεμος, Anemos、ラテン語の Anima である。[14] 私たちの言語は、このように魂を翻訳しているわけだ。魂が勝利する。精神(エスプリ)はどうなのだろうか？ 《たまたま起こった、わずかな風が／水の面にさざ波をたてると（fait *rider la face* de l'eau）、／君はそのてっぺん（*Tête*）にくちづけしないといけない》わずかな風、精神(エスプリ)。精神(エスプリ)は、顔に皺をよらせ、頭を屈めさせるものなのだ。ある河が、魂の息吹によって乱され、身体を、顔を持ったのだろうか？ 葦の精神(エスプリ)が、首(こうべ)を垂れさせるのだろうか？ 世界の魂が、どのように息吹くのか聴くといい。そんなわけで、二つの身体に耳を傾けてみよう。——樹皮のように非情な（堅い）魂を授かったオークの樹は、凄まじい音とともに折れ、倒れる。優しい（柔らかい）、柔軟な魂を備えた葦はたわみ、ひゅうひゅうとうなる。水の面を乱しながら、嵐は樹々の魂の入れ物の自重をはかっているのだ。ラ・フォンテーヌは、その第一巻を、アニミズムの息吹のもとに締めくくっている。彼はそれを《北風がやって来たら？》[15] から始めていなかったろうか？ 彼はその巻を、魂の風のなかでの枝々の愛撫で終えている、と言ってもいいほどだ。

《お前たち、お前たちの羊飼いとお前たちの犬》

この第一巻の真ん中で、そう語っているのは何者なのか。「狼と子羊」は、アニミストの狩人たちのいつもの対話を舞台に乗せてみせる。アマゾニアのアチュアル族、さらにその他は、彼らの獲物たちと家族的な関係や、さらには友情を維持しなければならない。それらを殺す時に、彼らは長々と喋りかけ、直截にはいわず、隠してさえいるものの、この悲劇的な出来事に身を任せてくれるように勧める。彼らはいわば、自分たちの立場を弁護するのである。

ラ・フォンテーヌでは、狼の乱暴な呼びかけ《お前たち、お前たちの羊飼いとお前たちの犬》が正確に、犬（Canis latrans）を介して狼（Canis lupus）自身がそこに属している、同じような血族関係の繋がりを描き出している。家族のラテン語 **Familia** の語義が、大人たちと何世代にもわたる子孫たちのまわりに、しばしば同じ屋根のもとに集った、農場や納屋、馬小屋や養禽場の動物たちをまとめて一括りにしたものであったことを思いだそう。――例えば、乳牛のペレットと、その愚鈍で乱暴な夫、さらには仔牛、雌牛、豚、雛たち、といった具合にである。狼と同じくらい残酷な家長（Paterfamilias）は、その息子たちに対して、牛や豚たちに対するのと同じような生殺与奪の権を握っていた。

私はかつて、独特でまた多義的に読める、代数的な意味での順序構造をそこから引き出すことによって、この寓話の構造的な解釈を実際に示したことがある。[16]――河の流れにおいては、上流、下流――捕食者の高い位置、上、下――系譜では、子孫の発生、母、最近子羊が生まれたこと、存在が主張されるが否定される兄――時間、前、後、過ぎた年のこと――支配するもの、支配されるもの、《閣下……陛下》[17]……つまりすべては、よりメジャーかマイナーかという問題なのだ。

テキストの形式上の厳密さが、こんな風にほぼすっかり解明すればするほど、この順序の意味が十分でないように思ったものだ。というのも、私はそれについて語りながら、そのころには深い理由が分かっていなかったからである。喜ばしいことに、四〇年経って、それが見つかった！ここで決められているのは、実のところ、狼と子羊との、まさに生命の(vital)順序(Ordre)なのだ。[18] 捕食者を獲物の前に、上流に位置づけるのは、まさにその訴訟(プロセ)、もしくはプロセスであり、そこで順序が語られ、捕食者は獲物よりも強いとされたのだ。……するとどうだろう、両者とも一列に並べられ、順に配列されて、ついにはアニミストの部族がよく知っている、同じ家族に属することになってしまう。――最初にきた者に、彼の狩りが厳密に合法的なものであることをその未来の(à venir)犠牲者に示す、宿命的な長い自己弁護を義務づけているのは、こうした順序なのだ。[19]

同じ第一巻の別の寓話、「狼と犬」は、すでに述べたように、狼の群れから納屋や養禽場へと続く連続的な道、それから森へと続く径、歴史のある瞬間の、家畜化のメタモルフォーゼの跡をとどめる道を描き出している。そこでいわゆる野生の狼は、ほとんど種を変えてしまったのだ。とつぜん、自分が貪り喰おうとする子羊に語りかけていた者が、この同じ家族的な系譜を語りだす。――お前、お前たち、お前たちの羊飼いたち、お前たちの犬たち、おれの群れ、おれ。――親族を貪り喰うのは、相変わらず生きづらいものなのだ！

寓話はこうして、完全に理解されることになる。その厳密な論理が、アニミズム的な意義とふたたび合流したからである。それは、狩人がその獲物と持つ関係を再現していたのだ。自分が確かな宗教に属していることを明らかにする儀式をそこで実践しているのでなかったら、どうして狼は、獲物をただちに生のまま、まさしく《うむを言わさず》貪り喰うのではなく、弁護士の口頭弁論のように複雑で合理的なレトリックに耽って、あれほどの時間を費やしただろうか？　ラ・フォンテーヌの、ファイドロスの、イソップの狼も、そしておそらくもっと昔のその起源も、自分たちが糧にし、獲物にする動物たちとほとんど家族的な、少なくとも社会的な諸関係を維持しているアニミストの狩人たちが語ることを、ただたんに、語り直しているのである。子羊のまえで、狼は捕食者の理論を唱えるのだ。

逆にもし私たちが狼を狩るとして、狼が獲物に、私たち狩人が今度は捕食者となるとしたら、それが家族の一員であると考えて、そうした作法にのっとって、狼を殺す前にこれほど長々と語りかけたりするだろうか？　「狼の死」において、アルフレッド・ド・ヴィニーが口にしているのは、まさにこうした口頭弁論である。それはラ・フォンテーヌやファイドロスの狼と同じくらい長く、同じくらい根気づよく、同じくらい厳密で、ほとんど同じくらいお説教じみている……単なるアニミストの狩人の獲物に対する話法を、誰もがストア主義の倫理の講義という風に受け取っているのだ。狼は、子羊にこう語ることもできただろう――《かくて後に、われのごとく、言葉なく耐え忍んで死せよ》。そしてヴィニーも、こんな風に言い添えることができたはずだ――《他にどんな形の裁判もなく》と。

私たちはかくして、まだ非常に不可解なものである家畜化のプロセスを再発見したのだろうか？

それはすでに、こんな風に実践された狩猟のうちに含まれていたのだ。――すでに家族の一員だったものを、家に迎え入れること。そのきずなによって、トーテミズムは二つの動物を囲い込む。その活き活きした（animé）ダイナミズムによって、アニミズムが家族的に一方を他方へと導く。家の壁のうちで、狼の子は犬になるだろう。ぴんとした耳を纏って、二つの身体に共通の魂が、そのパースペクティヴから見ている魂、それはだらりとした耳を身につけた身体が、そのパースペクティヴから見ている魂なのだ。「狼の死」と対称に置かれることで、「狼と子羊」は「狼と犬」を解き明かすことになる。最初のバイオテクノロジーである家畜化もまた、こうしたアニミズムを前提としているのである。

ドルイドの司祭プルースト――失われた時のもう一つの日付

自分の幼少時代の断片を、始めのところで語りながら、私は本当に失われてしまった時を思い起こしていた。田園文学と河の泥さらいは消え失せてしまった。プルーストがその著作を刊行した時には、彼が仔細に語った時代はまだ残っていた。――俗物主義（スノビズム）も、ブルジョワのサロンも永続していたのだ。ただ、前進するアスファルトのため、不揃いな舗石が後退し、チーク材や道の石でくるぶしを捻挫したので、突如として語り手は、本当に失われた時へと引き戻されたのである。平坦な車道が、起伏のあるでこぼこ道に替わってしまったのだ。

ところで、彼が長々と不眠症の苦悩について伝えているので、私たちはプルーストの想い出を、子供時代の愛の楽園への回帰という風に読んでしまう。マドレーヌの味、紅茶の薫り……それらの感覚が記憶を呼び覚ますのだと。私たちはそれを素朴にも、鐘の音で餌を思いだして犬がよだれを垂らす、パブロフの実験のような粗雑な経験だと思ってしまう。そこで本当に失われているのは何だったのだろうか？

答え——それは、あの一杯の紅茶についての非常に有名なページの前の数行で、慌ただしいが精確な筆致で、作者が書き記している時間である。

《私は、失われてしまった者たちの魂が、何か下位のもの、動物や、植物や、動かざるもののなかに囚われていると考える、ケルト人の信仰をしごくもっともだと思う。それらは、私たちがその樹のそばを通りかかったり、彼らが囚われているものを手に入れたりする、滅多にはない日がくるまで、実際に失われている。その時、それらは身ぶるいし、私たちに呼びかける。するとたちまち私たちはそれらに気がつき、魔法がとける。私たちによって解放され、それらは死に打ち克ち、戻ってきて私たちとともに暮らすのだ》（ガリマール、《プレイヤード叢書》一九八七年、一巻、四四頁）。

水薬から雲がただよってくる。これが、古代ケルト人たちが崇拝していた種類の、動かざる物の魂なのである。作家が探し求める失われた時は、おそらく幼少期のものだ。——しかし、彼はそこにもっと隠れた時代のものを見出しており、それが失われ、囚われている場所すら明言しているのである。記憶の内部の暗い最深部に降りてゆき、語り手は奇妙で、奥深くに忘れられた、アニミスト的な諸文化に特有の行動やカテゴリーを再発見するのだ……それはずっと昔に失われ、今日再発見された文明や社会であり、同時代にはフランスではオーギュスト・コントの後はタルド[20]、デュルケム[21]、モース[22]、ブーグレ[23]らが研究し、グレート・ブリテン島ではジェイムズ・フレーザー卿がその『金枝篇』[24]で、そしてドイツではグリム兄弟[25]とシェリング[26]に続く、神話と文化（クルトゥール）の理論家たちが研究したものである。

どんな時代に、失われた時を求めて遡るのだろうか？　個人の実存をはるかに超えて長い期間にわたるこの探索は、サロンや現代の知ったかぶりとはまるで関係ない世界観の時代に手を触れるものである。失われた時代を、偉大な作家は彼自身のために実践し、私たちのもとに連れ戻すのだ。たとえば、水生植物に妨げられたヴィヴォンヌ河の流れのなかの睡蓮もそうである。この花は流されてむこう岸にまで届くと、〔ぎりぎりまで伸びた〕その花柄によって流れに引き込まれ、周期的に同じ位置に戻ってくる。そのことが語り手に、《調子が悪い》時に《奇癖》で、食餌療法をするレオニ叔母をありありと思い起こさせるのである。それは植物の《緑のロープ》を捕らえている《悪循環》と同じように、《奇妙》で《避けられない》ものだが、しかしまた、とりわけダンテが「地獄篇」で触れている、無限に繰り返される責め苦を受ける青白い霊たちのことをも思い起こさせる。さらにその向こうには、ウェルギリウスにとっての霊たちがいるが、先を急ぐ彼は、ダンテにそれらのことを語ろうとしなかった[27]。古代の薄暗い黄泉の国としての、失われた時。

レヴィ＝ストロースによると、ベルクソンはためらいも見せず、トーテミストとしての自画像を描き出したのだという。[28] プルーストは最初に、ドルイドのことを思い出しているが、その後、金の枝を刈り、[29] 光背に包まれたドルイドの司祭としてのみずからの相貌をくっきりと現わしており、かくして古代的だと言われたのである。すると彼は、未開の時を探し求めていたのだろうか？　彼はそれを、ふたたび見いだしたのだ。

アスパラガスたちについて言うと、その穂は《薄紫と紺碧で細かく丹念に描かれ》、野菜の格好をした魅力的な人間であることが明らかになる。[30] それらにはまた、シェークスピアがその妖精たちに授けたような、下品でいたずら好きの力が備わっていて、溲瓶を香水瓶へと変えてしまう。[31]《虹色の輝き》、《天上を想わせる微妙な色合い》、《曙から生まれた色》、《蒼い夜の消滅》、《貴重なエッセンス》、しまいには尿の芳香といったもの。ここ台所に降りると、あらゆる魂の柔和さ（doux）が、スワンによって「ジオットーの慈愛」と呼ばれた女中の籠のなか、《パドヴァの美徳》の籠のなかに見出される。[32] ここでは高雅で神秘的な魂が、つましい卑俗なものに受肉しているのだ。

物理科学の起源

私の個人的な想い出や、寓話、詩や文学として語られた記憶を、あなたたちは軽んじ、主観の気まぐれのほうに押しやってしまう。それは、証明に値いしない、とあなたたちは言う。それゆえ、ここで科学の対象物（Objectif, 客観）と普遍について語ることにしよう。もっと言うなら、その起源それ自体と、現代の状態について語るとしよう。

《ナチュラリズム》はガリレイとともに出現したわけでは全くないし、当時流布していた、もしくは形成されつつあった自然科学にまつわるガリレイの仕事から生まれたわけでもない。実際のところ、彼の実験によって初めて生まれたのは、代数学の形式的言語と実験操作を混淆した、数学的な物理学なのだ。この混淆はあたらしいと同時に爆発的なものであり、極めて豊饒なものだったので、それ以来ずっと、彼が厳密で有益な知の全体のおおもとになっているほどなのだ。どうして一様で物言わぬ自然と、饒舌で複数的な文化という根本的な分離がそこから生じることがあろうか？ 宇宙に遍満し、ついにわれわれ人類によって解読された、一つの数学的言語でなければ、そこで語られているのは何だろうか？ さらに言うなら、ガリレイの時代以来、この最初の代数-実験の混淆から締め出されていた諸科学——化学、生化学、生物学等が、近年になってふたたびそれと合流したところなのだ。というのも、もろもろのコードの組み合わせによって、生体の発生が部分的に解明されたのだからである。

古くは代数学、現在ではアルゴリズムという、少なくとも二つの方言で語られたこの形式言語に、どのような規定を与えるべきなのだろうか？ 実験とその操作によって生まれる、ハードで（dur）、大量で、エントロピー的な規模のエネルギーと比べると、ほとんど無限に小さい情報のエネルギーのことを、[33] ソフト（douce）なものと呼ぶことができないだろうか？ それはソフトがハードをプログラムするように、魂が身体を支配するように、無生物と生物を操っているのではないか……いにしえのルクレティウスのクリナメンのように、[34] その舵を微分的に傾かせる方法を知っており、傾かせられるということだ。これほど軽やかで、柔らかで（douce）、極小で、記号的な力より他の力を持たないものを、ある種の精神（エスプリ）、より堅い物質に生気を与える大気中の息吹、また身体に侵入してそれを導く魂と見なして、どうしていけないことがあろう？　したがって、受肉の教義――もう一つの魂－身体の混淆――が、始めてそれを可能にしたとアレクサンドル・コジェーヴが語っている、この発見はむしろ、西洋をおそらくアニミズムへと駆り立てたのではなかっただろうか？[35]

　世界が数学の言語によって記述されるとガリレイが告げた時、何を意味しようとしていたのだろう？　それは、その言語がどんな風に規定されるか次第である。とはいえ、ガリレイは見事にそれを語ったし、それによって彼よりもはるかに教育された私たちは、世界がその言語を語り、書き、コピーし、翻訳すると、彼の後で繰り返すことになるだろう……言い換えれば、柔らかい数学は、堅い世界をコード化しているのだ。それは魂として、身体としての世界をコード化するのである。

　数学は、世界の、事物の、身体の魂として働く。情報であるかぎりで、それは魂に、精確で、厳密で、透明で、輝かしく、観念的で、そう、永遠のものという規定を与える。――私が知るかぎり、これは伝統的な魂の規定である。数学は物体（Corps, 身体）－風景の魂について語る。スピノザをもじって言うなら、所産的自然にとっての能産的自然としてコードは働くのだ。

　ガリレイはアニミストなのだろうか？　バチカンは、神の御言葉を代数の言語に翻訳したかどで彼に有罪の判決を下したのだろうか。教会は誰もが、――少なくとも、膨大な数の字の読めない人たちが――この言葉を世界の書物の開かれたページの上に読むことを、久しい以前から願っていた。

暗号解読者としての学者が、神学的な解釈者を押しのけたというのだろうか。そうではない。ガリレイ事件は、なんら《ナチュラリスト》の起源を明かすものではないのだ。

ガリレイはそんな風にはっきりと言わなかったが、プラトンは彼より前に、世界が数学の言語で記述されると述べている。――彼の『ティマイオス』に登場する造物主（デミウルゴス）は、世界霊魂について語っており、混沌の塊に数学的な形を与えていた。とはいえ哲学者は、不毛な道を選んでしまう。――彼は三角形の幾何学や等差数列の周期性そのままのモデルから、あるがままの世界のすべての事物を演繹しようと思っていた。彼はあらゆる物体を、魂だけから演繹できると考えたのである。変化した姿やメタモルフォーゼではない、物体の諸部分を、この魂そのもののうちに見出そうと思ったのだ。そうは言っても、世界の事物はユークリッドがその定理で行ったようには、公理からは演繹されないのである。

ガリレイはプラトンの不毛なアニミズムを転倒することによって、そこに方法を発見する。彼はそれぞれの事物の物体（Corps, 身体）から出発して、敢えていうなら、それらの衣装を剥ぎとって、その特異性のうちに、この部分の数学、この部分の方程式、この部分の関数といったものを発見するのである。彼の実験は、物体のマントを引き裂き、そうしてできた穴から、その物体が占めている特殊な眺望（Site）から、魂の小さな鏡に映ったものを眺めようとするものだった。その特異な眺望を通じて、そこには世界の巨大な魂の部分的な眺望が映っているのである。

メタモルフォーゼの瞬間には、裸体になるついでに、魂があちらこちらで輝いて見えることがある。それぞれの実験から一つの公式が生まれ、それぞれの物体から魂の一部を見ることができるのだ。もちろん、西洋は少なくともギリシャ以来、自然−物体（Corps）が魂の数学的な言語によって記述されていることを知っていたが、魂のどんな正確な場所が、どんな代数的な公式が、間接的かつ特異に、物体から切り取られたオリジナルなどんな場所に、投影されるかを決めるのは、実験だけなのである。奇妙に詳細に、ほとんど比喩的に、身体（Corps, 物体）が、さまざまなアニミズムにおいて果たしていた役割が実際のところ何であったかが、ここでは再発見されるのだ。

　というのも、あらゆる地域において、人々は身体（物体）が、連続的でより大きな魂を局限するものであると語っており、そのようなものとして生き、考えているからである。身体（物体）だけが、生命の持続に不連続性を刻むことができる。――ベルクソン自身が、そう語っているのだ[36]。そして彼らは、こんな大きな疑問をみずからに問い掛けることになる。――例えば、ある身体（物体）を身にまとって、ある者は他者の身体をどんな風に見ているのだろうか？　これは、パースペクティヴィズムと呼ばれるものであり、古典主義時代のもう一人の偉大なルネサンス人、ライプニッツが諸々の眺望（Site）として聖化したものである。ガリレイの勝利は、アニミズムに身体（物体）の一貫性とパースペクティヴを戻してやったところにある。プラトンもおそらくギリシャ人たちも魂の力を――私が言いたいのは、数学のことなのだが――過大評価したために、それが欠けていたのだ。ガリレイはアニミズムに身体（物体）を、風景の物理性を、さまざまな衣装を、マントの色とりどりの多様性を、経験を回復させる。二次方程式がまさに表すのは、落下する重い諸物体

(Corps) から、パースペクティヴよろしく、数学の全体がどんな角度のもとに見えるのか、ということである。そんなわけで、それぞれの物体は、世界の数学的な大いなる魂から投影された断片を持っているのだ。世界霊魂の普遍的な布から切り取られた、選ばれた切れ端のような、局所的な方程式を、それぞれが持ち、それが書き込まれた当て布が継ぎ合わさった、アルルカンのマントだろうか？[37]

ルネサンスの革命は、その作品や職人たちから生まれたのではさらさらない。自然のままの動く (animé) 物体（身体）の、多種多様な目立たないフォーマット化から生じたのである。その革命は、言葉のアニミスト的な意味で再生 (renaissante) であり続けているのであり、言葉のルネサンス的な意味でアニミストであり続けているのである。《ナチュラリズム》は、少なくともそれが生じ、勝利を収めたと言えるとしたら、もっと後に、はるか後になってやってくる。

アニミズムは、なんら創造の力を与えるものではないと言われているが、まったく正反対に、文学的または科学的な霊感（インスピレーション）の二つのあふれる源泉であるアナロジズムと同じくらい思考を刺激する。——そう、それは極めて多産なものなので、力学、数学的物理学、実験諸科学の起源は、アニミズムにあるほどなのだ。

アニミズムは、柔らかく (doux)、情報的なものと、堅く (dur)、エントコピー的なものの、二種の同盟を定着させる。柔らかくグローバルで、つるつるしたものと、堅くローカルで、ざらざらしたものの同盟を。

現代の諸科学について

私たちはようやく、世界の事物のうちに、世界の事物によって、情報が普遍的に拡がるのを学び始めたばかりだ。人間のふるまいや行動のうちに、人間のふるまいや行動によって、情報が拡がるようにである。諸文化や対象たちが、そうした性質のものだとしたら、ありとあらゆる要素と全体は、受信し、発信し、蓄積し、情報を処理加工しているのだ。情報に関わるこれら四つの操作がなかったら、事物はなく、世界はなく、発展はなく、生命はなく、人間はなく、文化はなく、知識は存在しない。ようするに、これら四つの働きがなければ、対象もなく、認識もなく、集団もなく、情動もなく、さらにはまた、おそらく主体もないであろう。

世界のあらゆる堅いものの表面も内部も、文字どおり物理的な単位で言い表すことができるし、また技術の用語でも、社会的もしくは美学的な用語でも表現することができる。いまやわれわれはコードを読むことができるのだ。私たちは、ただ生体の分子を解読できるだけではなくて、生命のないものという偏見を抱いていた、結晶や微粒子もまた、ちょうど私たち自身の文化的な資料や、まさに私たちが売り買いしている対象のように、読み解くことができるのである。長いあいだ、歴史や考古学だけができたように、あらゆる科学がいまや、その対象の日付を解読することができるのだ。それらは、その記憶を読み解いている。というのも、世界のあらゆる事物はそれ自身と他のものの記憶を保存しているからである。世界の大いなる書物は、幾重にも巻かれ、幾つもの言語が記され、時には部分的に消されている羊皮紙のように開かれ、拡げられる。地球の奥深くの岩のなかには、それが冷却した期間の磁気の痕跡が残っている[38]。放出される放射線からは、それを発している物体の古さが、ほとんど数えあげるようにして測定される。星々の色は光線にくっきりと現れるが、それは星の年齢を表わしている。ここにもあり、至るところにあるコスモロジックな放射作用は、宇宙の時間を表し、その跡をとどめている。おのおのの事物のうちに、この種の想起が記され、刻まれているのを読むことができる。すべては記憶である。——記述され、コード化され、刻まれ、数字化され、ついに判読可能になったのだ。先の四つの操作によるなら、したがって受信し、蓄積し、情報を処理加工し、ついには発信することができるわけである。さらには、もろもろの事物それ自体が、みずから、お互いにこうしたコードを記す方法を知っており、記すことができるのであり、それを解読し、刻み、ほとんど自動的に理解して、こうしたコード化された指令に従い、みずからを適合させるのである。そうしたことがなかったら、もろもろの化学反応や、生きた細胞がアポトーシスの合図を受けるや否やたちまち自死してしまうことなどを、どのように理解するというのだろう。情報によって、ある種の相互理解が世界を経めぐっている。あたかもそれと似たものが、人々のあいだで循環しているように。

私たちはもはや、読んだり書いたりできる唯一の存在ではない。——言語と言語活動によって音を立てる唯一の存在、想起する唯一の存在、一つの歴史を生きる唯一の存在、私たちに物語を語る唯一の存在ではないのだ。世界の「大いなる物語」は、私たちすべての物語を、部分的で小さな要素として含んでいる。世界のあらゆる事物は、普遍的であるがゆえに基本的な、情報を発信し、受信し、蓄積し、処理加工するという四つの操作を、ときには私たちより巧みに成しとげる。「大いなる物語」は、世界の大いなる文化にざわめいている。大きく見積もるなら、人類の文化的な古いナルチシズムに、少なくとも《ナチュラリスト》のナルチシズムに、決定的な一撃が与えられたのだ。

しかしながら、例外的なことに私たちは、世界の事物たちのように情報を受信し、発信し、蓄積し、処理加工する機械を造ることができる。この機械は、この四つの操作ができるために、万能であると言ってもいいほどだ。そう、私たちは自然も文化も一緒にした、あらゆる事物を模倣するための機械を作り上げたのである。どうやったら、この模倣を私たちがものにできるのかまず理解しようとしなければ、私たちはもはや、理解の主体すら理解することができず、認知そのものすら理解できないのだ。

至るところに現前するこの情報を、世界の魂と呼んだ者の、非難をものともしない大胆さを、それは証明しているのではないだろうか？　こうした情報は、おそらくあらゆるものの始まりにすらあり、あらゆる場所に蓄積され、あらゆる物体によって加工処理され、バックグラウンド・ノイズのように、つねに至るところで送受信されており、時空間を循環しているので、私たちの身体や、私たちの認知の様態を含む、あらゆる物体（Corps）は、そこで一方では受信し、他方では送信しているのだ。ビットやピクセルの濃い霧に分割できるとはいえ、実際に一なるものであるこの情報的な魂なくして、区別された物体はなく、風景のある宇宙も、現実の特異性も、世界の身体もなく、言語も、文化も、知識もない。知と存在は、同じ一つの源からあふれだしているのだ。

すべては情報である。すべてはコードである。すべては数である。——私たちはこんな風に、ふたたびピタゴラス主義者に戻ったのだ。アニミズムは、現代の知と共にあるのだろうか？　存在はビットから生まれる（It from bit）[39]よりも、本当は内在主義を描き出す、存在はビットと共にある（It with bits）のほうが、起源を表す言葉としては相応しいのである。

関係（Relation）と宗教（Religion）

世界の魂の、言葉なき音の微風が表現された音楽について夢想したのだから、議論の慎重を期するために、最後に宗教について語っておくことにしよう。

誰もが、何世代にもわたって書き記している、古代の異教徒（パイアン）の神々の解釈には、ある興味深い逸脱がある。かつて、われわれの教師たちは、そこに豊穣の象徴、収穫や葡萄畑のイメージ……生きた植物を見出していた。古代人たち自身と同じように農民（ペザン）である——私は異教徒（パイアン）と言いたいのだが——それらの学者たちは、植物や動物たちのなかの無言の生命の力について語り続けてきた。アニミストなのだろうか？　同様に、フランス革命によって、キリストの生涯を賛美し聖者たちで満ちあふれたグレゴリオ暦を別のものに取り替えることが望まれた時、彼らが列挙したのは葡萄の収穫や、刈り入れや、花の季節や、霧や、風や、草原といったものであった[40]。まるですでに田園の一年を通じて、ベルクソンの《生の飛躍（エラン・ヴィタル）》が漲（みなぎ）っているみたいなのだ。

今日では同じ神話の、同じ神々を私たちは、暴力的な意図のスケープ・ゴートという風に見ている。[41] 彼らのように農民であった私たちの先人は、古代の異教の神々が農民であったことを告げていた。もはや都市にしか住まず、同時代人のほとんどのように、霧氷からも果実からも遠ざかってしまった私たちは、それらの神々について、もはや政治や社会科学しか語ることができないのだ。私たちをお互いに近づけ、調和させているのはどんな憎悪なのだろうか？ 少し前まで、私たちは自然科学や田園の暮らしが凝縮された古い万神殿（パンテオン）に住んでいた。――私たちはもはや、それを人文科学の要約のうちにしか見ることができないのだ。

それは同じ神々に関することなのだろうか？ ジュピター（Ju-piter, つまり太陽－父）の名前そのものと役割のうちに、穏やかな明るさと父の愛や憎しみが結びついているのだとすると、大いなる神々はどんな風に生まれたのだろうか？《われらの父》と《空に居るもの》のあいだに置かれた、あるいは置き忘れられたコンマは、何を意味しているのだろう？ 私たちが互いに考え、愛し、知り、行動し……つまりは、自然の持続する輝きのもとで、一つの文化を生きるということは、どうして起こるのだろう？ それは同時に、ただ一つの飛躍（エラン）のもとで起こるのだろうか？ 宗教（Religion）という言葉が、転調しつつ反復している、この深い関係（Relation）[42] は、何を意味しているのだろうか？ アナロジーと呼ぶこともできる、この包括的なつながりは、何を意味しているのだろうか？

第三章　私（モワ）、モナド、アナロジスト

《私は、軍団である》
――マルコ福音書、五、九。ルカ福音書、八、三〇。

もう一つの自叙伝

トーテミズムとその分類が、私にはかなり奇妙なものと思われたのも、私が我慢せねばならなかった諸制度のなかで、ナチュラリズムを拒むことを教えていたのも、私が自分のことをアニミストの一族と思っていたからである。農民や海民の後裔であり、遠洋や高山に通じている私を、この世界観は魅了するのだ。私と父が世話していた雌牛たちは、みな名前を持っており、さまざまな性格によって特徴づけられていた。――あるものたちはいばっていて最初に納屋に戻るが、他のものたちは遅れて従う、といった具合にだ。ある勇敢で太った雌牛と、ある別の痩せて神経質な、やきもち焼きの雌牛とでは、われわれは同じように乳搾りをしなかった。馬たちや豚たち、雄鶏たちについても同様である。荒れ狂っては船を襲い、凪（なぎ）になれば天国に姿を変える海のことを、私たちは残

酷な愛人や、愛に満ちて優しい恋人のように扱ったものだ。滑らかな肌に、岩角がそそり立つ岩を、予想を裏切る恋人に対するようにするのでなければ、どう愛撫できるというのだろう？　私の内なる欲望を告白するのはこれで終わりにしておこう。

というのも、盲目的な精確さで、私がその全生涯をかけて作り上げてきた哲学は、私をアナロジストたちの部族に分類するものだったからである。古代であれば、プラトンのイデアやプロティノスの一者と結びついた世界の多様性のギリシャ的な展開や、あるいはストア主義者たちの、動かされ動き、原因となり結果となる、世界のもろもろの事物の錯綜によって揺動する流れといったものが心地よいし、ライプニッツの多元主義はなおいっそう快適なのである。その多元主義は、私が関わっている現代の知を解き明かすものであり、テクノロジーとアルゴリズム的思考から得られた結果により、ますますそれがナチュラリズムから乖離していくのを私が理解できるのも、そのおかげなのだ。そう、私はみずからを喜びで満たす天国であるアナロジズムに暮らしている。曖昧さの余地なく、私が書いたすべての本は、私をこのグループと結びつけるのである。

定義

これらの部族にとっては、物質的もしくは非物質的な、ばらばらで未規定なものの集まり[1]がある。このような混乱のなかで生き残り、行動し、思考するために残されているのは、絶え間なく構成に努め、したがってそれらの差異を架橋するのに適した無数の関係を探し求めるという、骨の折れるしよう。

義務である。この章でははっきりと、アナロジーをこうしたあり得べき関係の集まりを表すものとしよう。

対象の世界、また集団や認識の世界のどこにでも散らばっている、ばらばらなものたちが混淆し、まだらになり、多色で、けばけばしく、雑色で、雑駁で、ダマスク織風で、寄木細工風な万華鏡。もっとも微妙な細部まで諸要素が差異化された、数かぎりない集合の噴出を、私は倦むことなく実際に架橋しようとしてきた。ネットワークが密接に関係するか離れているかによって明らかに幅があり、いずれにせよコミュニケーション[2]や、干渉[3]や、翻訳[4]や、長くかつ狭い航路[5]や、橋[6]や前置詞[7]で満ちあふれているものたちをである。こうした錯綜を幾つも横断する媒体（Mediation）として、幾つもの人物像が具体化した。――ヘルメス、商業と泥棒と翻訳者の神[8]、天使とデモン[9]、寄食者と共生者、みな一群のメッセンジャーたちである。イエス・キリストみずからが、優れて媒介者なのだ。これらは、コミュニケーションについての最初の哲学者である、ライプニッツの歴史的な庇護のもとにあり、今日ウェブ上でメッセージをやり取りしている同時代人たちの喧騒のうちにある。われわれのあたらしいテクノロジーは、見事にアナロジーの知と、その世界に適合しているのだ。

そんなわけで、この特異性がちりばめられた、モワレ模様の織物は私に霊感を与えるとともに、現実そのもの、少なくとも私が見たり、考えたりしている風景そのままであり、私がそこに生き、それを笑い、それに泣き、それを願うものそのままでもある。ばらばらなものたちが散らばった大洋で、あちこちのルートを、私は上機嫌で泳ぎ回る。五〇年も前から描こうとしている、この画布のなかに私は、世界がみずからを絢爛たるさまで誇示しているのを認め、私自身をも認める。というのも、もし私が考えるならその時、私は力づよくあふれるこれらの差異の群れもしくはカオスを、他者とともになされるものも含め、あらゆる秩序のもとで関係づけ、架橋して結びつけるのだからである。

私はこの祝祭に夢中になり、息を凝らしているが、つねにそこから漏れてゆくものがある過剰をすべて理解することは決してできない。私は一つの鍵を探すが、そこには無数の鍵しか見つからないのだ。だが、もし一つの鍵だけが見つかるとしたら、私はそんな泥棒のこじ開け具を警戒するだろう。

私の名前、私の署名はこうだ。——私は誰でもなく[10](Personne)、万能鍵(マスターキー)であり、遍在郷(Pantope)であり[11]、あらゆる場所に駆けつけ、放浪している。もっと言えば、軍団なのだ[12]。——他のすべての人々(ペルソンヌ)、周りの世界のあらゆるもの、私のうちのあらゆる思考と同じだけ夥しく、差異化された軍団なのだ。《無数の声を持つ私の魂／わが崇める神が／響くこだまとして万象の真ん中に置いた、この魂を[13]》この渦のなかでの眩暈(めまい)。デカルトは、コギト Cogito と言ったものだ。これに対し、語源学により通じていたライプニッツは、私のなかで多数の思考が過ぎ去ってゆく、と答えた[14]。思考(Cogitatio)とは、実際のところ共に-揺れ動く(Co-agitation)ことでないとしたら、一体何であろうか？　何千もの数の羊の群れの目も眩むような無秩序を、一人の羊飼いが、彼だけで支配したり導いたりできないし、動かす(agere)こともできないというのだろうか？　このラテン語は、実際に動物たちを導くことを指しており、それらが他の多くの動物たちと集められるので、動揺（Agitation）が生じ……そのため管理（gerer）するのは難儀なのだ。そう、思考は私の生涯を通じて、絶え間なく私に、そのカオス的で、満ちあふれる、輝かしい、不調和なバックグラウンド・ノイズを……眩暈を与える。よろめき、つまずき、震えて、私はそれによって大地に倒れ、茫然とし、昏倒する。大河と乱流、歓喜よ。

ばらばらなものの集まり

こうした無数のばらばらなものたちの無計画な集まりが、われわれの文学には犇めいている。——ラブレーにあっては、リストの寄せ集めが[15]。モンテーニュにあっては、『エセー』のモザイクが。ラ・フォンテーヌの『寓話』の、慎ましやかな宝石たちが。『運命論者ジャック』[16]が道を急ぐ、偶然の分かれ路が。啓蒙の世紀について言うなら、アルファベット以外には何の秩序（Ordre, 順序）もない『百科全書』が[17]——私はじきに、『聖アントワーヌの誘惑』から「純な心」のフェリシテの部屋－博物館、その鸚鵡が君臨する仮祭壇から、ブヴァールとペキュシェの無秩序な知、彼らの愚かさの模像に至るまでの、フロベールのショーケースを再訪問することになるだろう[18]……そこでフロベールに、ハイパーテクストを発明しているのだろうか？ マルドロールの歌[19]が、さまよっている迷宮。トゥルニエにあっては、汚水処理場と錯綜した有刺鉄線[20]。『人生使用法[21]』……関係を待っている、あらゆるばらばらなものたち。

文学にまつわるこれらのばらばらなものたちは私を魅了するが、それは絵画において、フランドル派のブリューゲルやボッシュの地獄や祝祭の絵や、マチスのコラージュ、音楽ではストラヴィンスキーに惹かれるのと同じである……。アナロジストのヒロイン、アリアドネの人物像のうちに、誰がそれを認めないだろうか？　それは、行動する前に自分が世界と思考の迷宮のうちにあることに気づいた、筋骨逞しく、愚かで、迷った一人の男に、一本の糸を託す女のイメージである。――憎むべき男は、ばらばらなもののうちでの航海をまた続け、そこであらたに迷うことに急き立てられ、幸せをもたらす救い主であるその伴侶を、岸に見捨てて置き去りにしてしまうのだ。[22]

楽天的な構成者（オプティミスト）――ライプニッツ

アナロジスト型の哲学者について言うと、私の手本であり、おそらくまさに現代の創造者たちの先駆者でもある彼は、もろもろの特異性、まったく異なった、扉も窓もなく、お互いになんの関係もないものだけが存在していることとさらに語るために、『モナドロジー』を書いた。同じように、彼にとって神の悟性は、ばらばらな可能性を無限に含み、どこまでも見分けがたい、現実の世界を含むものであった。ライプニッツは人生の大部分を、無限と自由の二つの迷宮[23]、すなわち、あらゆる可能なばらばらなものたちを、調和的な関係によって架橋することに挑戦して費やしたが、その調和的な関係は彼によって、神の超越性という消失点に帰され、結びつけられていた。――彼は、最終的な関係（Lien, 絆）、実体的な絆（実体間紐帯[24]）を思いついてさえも、たえず諸プログラムをリストアップし、諸々の索引や辞書を計画し、かくしてあらゆる事物の増殖が、あらゆる普遍数学を超えてはみだすのにまかせて生涯を終えたのだ。一つの普遍的な調和によって結びつけられた、無数の多元論。

『結合法論』の冒頭で、若い彼は、もろもろの関係をもっとも形式的に考えることから出発している。ライプニッツは熱－冷、乾－湿の四角形を描いているが[25]、それは薔薇十字団が彼に教えたものだ。――ユカタン半島のマヤ人であれ、マリのドゴン族であれ、こうした対立物によってばらばらなものを分類しない人たちを私たちは見たことがない。――彼は一八歳だったが、すでにチョッジル族[26]やバンバラ族[27]とか、生体のうちで爆発的な組み合わせが起こるのを前にした今日の生化学者とかが羨んで顔色を変えるような結合を組み立てていたのである。

ばらばらなものに浸り、神以外に普遍的な関係を見出さなかった彼は、他者のカンバスの上でしか書物を作ることができなかったし、無数の可能世界のうちの唯一の計算者であり決定者である神、もろもろのメッセージを言語に統合する唯一のものである神によるその創造を、世界それ自身が語っているテクストしか書くことができなかった。

ハノーヴァーの倉庫には、ライプニッツ主義の詳細がいまだ刊行もされず、関係づけられることもなく、無数に眠っている箱のコレクションが残されている。考えるべきことを残していったペシミズム、あるいは最良の部分を選別したオプティミズムだろうか？

私はすでに述べたアナロジストの一族のなかで生き、夢想し、思考しているが、これらの思想家たちや芸術家たちは、ナチュラリズムからすれば中国の文人や、先コロンブス期のナフア族のように奇妙なものなのだ。アリス・スプリングス[28]の近くで、アボリジニたちと一緒にオーストラリアのアウトバック[29]にある砂漠を走った時、私がかつて感じたことのない幸福を感じたのは、けばけばしい化粧をした黒人たちと、私がすでに出遭っていたからではないだろうか。それはフロベールやトゥルニエ、ロートレアモンやラブレー、アリストテレスやライプニッツといった、どうやったらカオスに委ねられ、世界と自意識に委ねられた万華鏡を、諸関係で埋め尽くすことができるのか、ばらばらなものたちによって、組み合わせ模様を形作ることができるのかを考えている人たちである。これこそが、彼らの仕事の真の構想であり、これこそが、確かに私にとっての地平であり、かの地のネイティヴたちのドリームに極めて似たものなのだ[30]。それは結局、最新のテクノロジーのウェブ上の、至るところで公開されているハイパーテクストとも、非常に似通っている。現代人は、われらの従兄弟である野生人たちと、ふたたび一緒になるというわけだ。

万物照応（コレスポンダンス）

それらの入り混じった諸物体を思考し、架橋しようとした直接の例である、私の『五感[31]』はかつて、《香りと、色と、響きとが、かたみに応えあう[32]》森を横断した。その《長いこだまは〔……〕遠くから混じりあい／暗鬱な、深い統一のうちで、／夜のように光のように広大な〔……〕子供の肉のように爽やかな香り、／オーボエのように甘美で、草原のように緑いろの[33]》……

これらの韻律は、私もそうである、アナロジズム型のヴィジョンを反復しているのだろうか。あるいは、はしなくもシャルル・ボードレールのもっとも名高い詩句が物語るのは、一四行詩が万物照応の森で、そのもくろみを描き出すためにくっきりと浮かび上がらせた、アナロジズムの儀礼のための完璧な寺院、その柱廊が樹々に姿をやつしている寺院なのだろうか？ そこでは精神と感覚が、無数のばらばらな感覚を統一する、関係の組み合わせ模様のうちに運び込まれている。少なくとも詩人は、言葉と象徴を通じて、そこで私たちに構成物（Composition）としての、ある秩序を理解させせようとしている。

より具体的に（concrètement）、同書で、私は分析的思考と分離主義者たちによってあまりにも不当に非難されている、混淆（Confusion）というものを擁護した。優れたものへと導くこのような混合を、どうして軽蔑するのだろうか。そこでは照応が起こる（Correspondent）というよりは、むしろ合流（Confluent, 流れが一つになること）が起こる。――これこそが、俗な混淆（Confusion）が高級な言葉になったものだ。――多種多様な葡萄の株から取れた多くの葡萄の実のさまざまな果汁で、希少なワインを作るというのだろうか？ どんな河であれ、支流のないものがあるだろうか？ どんな薬であれ、配合成分だけで効くものがあるだろうか？ どんな血であれ、民族主義者の賛歌で不純と言われるものですら、異種交配から来ていないことがあるだろうか？

具体的に（concrètement）という副詞は、その言葉なりの流儀で、この同じ合流（Confluence）、この同じ不純さ、この同じ混合を表している。それは液体についてではなく、もっと密なもの、固体について、付着成長[34]したものについて言われる。天文学者たちは地球そのものが、こうした付着成長によって凝結的に（concrètement）形成されたと語っている。具体的なもの（Concret）を求める者は、混淆を見出すのだ。

アナロジストは、隔たった夜と光のただなかに諸関係を描きだす。彼は、まさに《混淆した（Confuses）言葉》のうちに《暗鬱な、深い統一》を探索する。『悪の華』のためにこの花束を作った者を、構成者（Compositeur）と呼ぼうではないか。

ペシミストな構成者（コンポズイトウール）

同じ時代に、ギュスターヴ・フロベールは二五年かけて、『聖アントワーヌの誘惑』を書くのに骨折っていた。これは同じ題名のブリューゲルの絵画に霊感を受けたもので、いまひとたび、ばらばらな非連続性を糾合して、欲望の多種多様な地獄を描きだそうとするものである。文学の——また美学の、認識の、エピステーメーの、技術の、現実の、世界の、なんと奇妙な形態なのだろう、この『誘惑』は！　大いなる混乱、がらくた置き場、博物館、バザールなのだろうか？　むしろウィキペディアだ！　そこではすべてが見出される。——ライプニッツにおける神の悟性のように、彼女の人生の記憶が詰め込まれ、蒐集され、無秩序に置かれているフェリシテの部屋のように、聖体の祝日の仮祭壇のうえに、花と聖体顕示台を傍らに、剥製になったその鸚鵡が君臨しているように[35]、狩られた獣たちの死体が積み重なった、「ジュリアン」の森林のように[36]、エロディアスや『サランボー』の祝宴のように、[37]『ブヴァールとペキュシェ』の学問のように、ウェブのように……世界のように。

世界にはすべてが見出され、ウェブにはすべてが見出され、ライプニッツにはすべてが見出され、フロベールにはすべてが見出され、『貴女の楽園』にはすべてが見出される。[38]その創立者ブシコーは、おそらくある朝、すべての分類をひっくり返すというひらめきを得て、それによって富をなしたのだ。あらゆるものが見出されない哲学を、何と呼ぶべきだろうか？　あらゆる事物とあらゆる人物が、あらゆる場所に見出されるだけではなく、未解決で、不在で、不確かなかたちで、もろもろの関係の問題も同じように見出される。それらはすべて、前置詞[39]のリストのうちに見出されるのだ。この目の眩むような財宝は、もろもろの結びつきのほとんど申し分ない全体を、潜在的に開示している。――このリストのうちに、哲学が存在しているのだ。『聖アントワーヌの誘惑』の秘密もまた、そのようなものである――諸宗教の、つまりは関係（Re-ligare）[40]づけの行為の集まりを開示して、展開すること。『ブヴァールとペキュシェ』の秘密は、次のようなものだ――知のばらばらな集まり、それを構成するための諸関係（Re-ligere）[41]の集まりを、そこで展開できたりできなかったりする、ばらばらな集まりを開示すること。――この企てが挫折すると、それはもろもろのデータの、ばらばらで純粋な無秩序にとどまることになる。そんなわけで、それは牛（Bœuf）――ブヴァール（Bouvard）、ボヴァリー（Bovary）になるか、群れ（Pecus）[42]、――ペキュシェ（Pécuchet）に戻ってしまう。雄牛の顔をした愚かしさ。

世界の、宗教の、知の、人間たちの無秩序な諸要素に、知覚を鋭く研ぎ澄ましていたのと同じくらい、その直観が実際に鋭く慧眼でリアリストでもあったフロベールは、一見すると、このばらばらなもののうちに、もろもろの関係の繰り返される挫折ばかりを洞察し続けていたように思われる。彼は確かに、狂おしいまでに構成する。彼は確かに、見事なまでに構成するが、たった一つだけの結びつきの成功に絶望するのだ。オメー[43]、ブヴァール、ペキュシェ……彼の描く学者たちは、何の結びつきもない知をばらまき、リスト化し、だから夢中でいられるのである。――彼らは愛なき関係のもとに、愛するものたちを夢想（ボヴァリゼ）しているのだ。聖アントワーヌは異端の選択の幅広さにわれを忘れる。――いかなる構成もなしようがない寄せ集めを前に、牛のような愚かしさで眺めていた、フロベールにはアリアドネが欠けていたという、広く流布し、当然と思われている考えには、苦笑しよう。ここにあるのは、アナロジーなきアナロジズムへと立ち至らせる、特異な眩暈のまばゆさなのだ。彼のペシミズムは、なんら主観的なものではない。反対に、彼の絶望はある深い理由に、ライプニッツもまた、放心（Destraction）という名のもとにしばしば嘆いていた感情に根ざしたものなのである。この言葉は眩暈とか、乱流とかよりもずっと、われわれアナロジスト特有の病理学を言い表している。――それぞれの事物が、私たちを放心させ、興味を抱いたのとは別のところに、違った風に引き寄せるのだ。フロベールが精確に、ばらばらなものたちの総体の、比較を絶した豊かさをおそらく見るとしたら、そしてそれ以上に、われわれの知や、技術、われわれの現代世界をたっぷりと見るならば、彼はそれらを統一する、一つの靭帯学（Desmologie）[44]、一つの普遍的な関係の理論というものの可能性を信じようとはしなかったであろうと思われる。ほどけたもの、解体したもの（Decomposé, 腐敗したもの）[45]しか存在しないのだ。——《そして他方では、腐敗した、豊かな、勝ち誇ったものたちが、／数かぎりない事物の拡がりを持つ》……「万物照応」とは逆に、私にはどんなネットワークを表すことも、描くこともできない、フロベールはそんな風に言いそうである。これは楽天家（オプティミスト）と言われるライプニッツとは正反対だが、彼はこの肩書きを、ついでに言うとちょっと間が抜けたものだが、諸関係のネットワークを予測し、表現したことから得たのである。理由を欠いたものは何もない[46]、と彼は言う。——それが、ばらばらなもののうちの遭難者を救うことになる。ライプニッツ、アリアドネは救われる。——テセウス、フロベールは彷徨（さまよ）っている。

しかしながら、ここにはあり得べきアナロジーの展望が見え隠れしている。ボヴァリー夫人はもろもろの愛の関係を夢想し、ブヴァールとペキュシェは継ぎ合わされた学問の後を追いかけ、聖アントワーヌは超越性に祈りを捧げる。

もろもろの関係（Relations）があるということは、理由（Raison）があるということである。もし現実が合理的（rationnel）であるなら、諸関係（Rapports, Ratio）がそれを満たし、その基礎となっており、それを結晶のように堅牢にしている。ところで、すべてが計算可能なわけではない。偶然なものがあるのだ。現実が関係的（relationnel）であるなら、繋ぎ合わされた（relié）、宗教的な（religieux）ものであるなら、そこには現実を貫いて、あらゆる種類の結びつき（Liaisons, re-ligare）があり得るであろう。[47]より広く、より曖昧で、支配的でなく、不確定ですらある、第二の仮説は、より狭く、定義され、厳密で、有効で、支配された、第一の仮説を含んでいるのである。

私たちの世界——情報のデータバンク

ばらばらな対象(オブジェ)たちの風景の世界のなかで、個人−モナドたちのあいだに窓も扉もなく、お互いに耳を傾けあったり、話しあったり、理解しあったりもしない人間社会において、実際のところ、どうして結びつきを作ろうとしたり、またそれによって普遍性を考えようとしないでいられるだろうか？　コミュニケーションに魅せられ、たえず抜け道を考案し、前置詞によって変化する、哲学における普遍的な絆の学である靭帯学(デスモロジー)を夢想しないでいられるだろうか？　思考し、書き、生きるものはたちまち、構成者(コンポズイトゥール)となる。オプティミストとは、構成がばらばらなものより優位な者である。ペシミストとは、ばらばらなものが構成からあふれだしている者である。[48]この構成者は、そんなわけで万物照応を引き受け、もろもろの人物たち——ヘルメス、寄食者、共生者、遍在郷(パントープ)、天使たち……を引き受けるために、ひっきりなしにコンクリートや鉄の道具——橋[49]を作り、一種の形式的な代用硬貨、言語を刻むのに適した小さな道具——前置詞たちをあらたに作り出すことになるのだ。

情報科学は、構成者にとってもっとも優れた道具を準備する。世界的なウェブは、ばらばらなものの総体を丸ごと迎え入れ、統一し、集め、網羅する。不満を持つ人々は、このちぐはぐな、ばらばらなものが展開されているのを見て、この散らかった場所は何のコンセプトもない破廉恥なものだとわめきたてる。――それこそが、ラブレー、ライプニッツあるいはフロベールを現実化したもの、百科事典や辞書が一ページごとにゆっくり、手でめくっていたものである。まったくばらばらなものである、これらの古いコレクションには、アルファベットの順序（Ordre）以外の秩序がなかったが、光の速さで――アナロジーの行き着く先だ！[50]――駆動されるナヴィゲーションの方法を手に入れたことにより、かつてそれほど情報が豊富ではなかったのに図書館で迷ったようには、私たちは新たな海で迷わなくなっている。もっと言えば、ビットとピクセルでアトム化されたこの大洋では、個人‐モナドが彼自身を表現し、自分のブログを設置し、その肖像をあしらって、そこで知識を発展させ、他のモナド‐個人たちと一緒にナヴィゲーションすることができるのである。さらにまた、光の比喩を織りなして知を描き出すために、ここではその速さが、明晰さに取って代わっている。私たちはかつて実際に、数や差異を支配するために図式（シェーマ）やカテゴリーや概念を必要としたが、もはやわれわれはもろもろの特異性の、何の関係もない群れに直接出くわすことを恐れてはいないのだ。光の速度が、それらを連合させるのである。

私たちはしたがっていまや、ラブレー、ライプニッツ、ディドロ、そしてフロベールが予見し、準備した総体のうちで生きており、多くの情報のソフトを使ってようやくかろうじて制御できるデータの海、大洋、津波に浸った、無限であると同時に爆発的な世界のうちで生きているのだ。これらのデータバンクの膨大な総体は、私たちがそれを扱う能力を今日、はるかに上回っている。私たちはこの遠洋の広がりを、世界のあらゆる対象（オブジェ）の普遍的な模倣（マイム）、諸関係のネットワーク、おそらくはまた私たちの脳髄の模倣（マイム）として定義できる一つの道具によって航海するのである。ばらばらな事物たちで多様化した海はとうとう、たえずみずからを多様化し続ける、人間と形式と技術の諸関係のぎっしり詰まったある錯綜、ある動く方法と照応（コレスポンド）することになる。その方法は、もろもろのデータのあとを追い、つねに引っ張ってくるものの、現時点でそれらに追いつくことはできないものなのだ。

目も眩むような大洋と、関係のネットワークのこの継続的な闘争は、厳密なアナロジズムによって規定されるそれらの結合をつねに増やし、われわれにとっての客観的な世界、われわれの認識の機能といったものや、今日や未来の政治を生みだす、われわれの主観的もしくは集団的な夢想といったものを的確に表し、かつ見事に描きだす言葉をつねに増殖させつつある。哲学、文学、芸術は、ずっと以前から、この世界を、私たちの世界を用意していたのだろうか？

どんな学問が、それを可能にしたのだろうか？

数学的な学問の起源

もう一度始めよう。——告白や考察、物語からはふたたび離れて、幾何学の起源について少しばかりあたらしいことが分かるような、証明の道筋をまた辿ってゆくことにしよう。

純粋な観念の天空から、抽象的な考えを作り上げたり、思い描いたりするだけでは、数学を出現させ、その発展の活力を際限なく追っていくためには不十分である。それがもっと適しているのは、観念的なものであれ現実的なものであれ、ばらばらで多様な、異なった諸要素のあいだに、可能な関係を確立することなのだ。その奇跡の時代のギリシャ人たちにとって[51]ロゴスは、言語や会話の古人類学的な慣用や操作をはるかに超えたものとなり、あらたに比や分数a/bの意味を持ち、そしてたちまち、aやbなどのさまざまな記号や要素の二つのあいだの関係（Relation）という意味を持つ比率（Ratio, 理由）を表すようになった。ロゴスとは、実際のところ、aとbを一緒に結びつける最初の比率－関係（Raison － Relation）を厳密に定義する比のことだったのである。これよりのち、このロゴスを出発点として、諸々の関係や結びつきの無限の連なりが世に現われてきた。そう、数学的に意味づける諸理由（Ratio）が、つねに変革される等価性のバラエティーが現れてきたのだ。――等号、平行、方程式、偶奇性、相似、被覆（Recouvrement）[52]、類似度、不変性、同型、位相同形、整数の合同（Equivalence modulo）、p－進数[53]……こうした連なりは決して絶えることがない。

　世界と思考が、ばらばらなものたちで明らかにあふれかえっているのだとしたら、それらの不調和なものたちを形式的な諸関係のうちに置くことができる、最初でかつ決定的な、なんという新機軸、なんという発見、なんと多くの幸運な言葉たちの発見があったことだろう。たとえば言語が最初に、私たちを助けてくれた。普遍的で世界的な言語である数学も、私たちを救ってくれたのだ。普遍的であるというのは、それが形式的で、文化がどんな違いを示していたとしても、誰によっても説明されうるからであり、同時に世界的なものでもあるのは、不合理的なもの、超越的なもの、想像的なもの、不確定なものなどが散りばめられているからである。宇宙に暗黒物質が散らばっているように、素数の計算や予測できない出来事の歴史も散らばっているのだ。数学は、アナロジストの言語を駆使するが、それは数学のように特異性が散りばめられた、アナロジストの世界のためのしなやかで、純粋で、透明な言語である。私たちはかくして、数学と世界の照応を理解することになる。それは私たちに世界を理解することを可能にしてくれる、カントとアインシュタインが奇跡と見なしていた照応なのである。

その始まり以来、その言語はこうした関係を無数に増殖させている。——ロゴスの次の、第二のもの、いわゆるアナロゴン Analogon は、二つの比の相等 $a/b = c/d$ を表すものだ。この原初的な方程式は、たちまちのうちにユークリッド以前にも、『幾何学原理』それ自体やそのずっと後においても、純粋幾何学の証明の大部分を占めるようになってゆく。生まれたばかりの数学は、すると厳密に、世界についてのアナロジスト的なヴィジョンにみずからを捧げていたのだろうか？ あるいはこのヴィジョンが、数学がロゴス、比、アナロゴンを発見することを助けたのだろうか？ それらの概念が一部で生まれたのは確かにアナロジスト的なヴィジョンのおかげだが、数学の尽きることのない活力、その歴史そのものもそれによって生まれた。というのも、そこから始まった道筋は絶えず、差異化した諸要素や矛盾にすら出くわし、あらたな関係を見出す努力によって、それらが架橋されるのだからである。

起源のころの実例——無理数の危機から[54]、プラトン主義は出発することになるが、それが示しているのは実際には逆に、誰も計算することも制御することもできない、幾つかの要素の——文字どおり無限の――ある差異を介して、ロゴスやまたアナロジーがあふれだすということなのだ。形式的な最初の証明によって、それが不条理なものであると結論づけられることで、辺1の四角形の対角線が無理数であること（Irrationalité, 不合理性）が発見された。――推論（Raison, 割合）もしくは比に穴が開き、法則のない数の涯しない連なりが漏れるがままになっているようなものだ。すでに、ばらばらなものが、関係からあふれでていたのである。それゆえ選択をしなくてはならない。――計算、ロゴス、比としての推論（Raison）、プラトンがいささかの軽蔑とともに、『メノン』の少年奴隷のもとに残していくことになる失敗したものと、[55] ソクラテスと未来のあらゆる数学史が採用することになる、厳密な証明とのあいだで。

厳密な推論が計算に勝利し、もっと言うなら宣言的なものがアルゴリズム的なものに勝利したことで、[56] ほとんど二〇〇〇年にわたって骰（さい）は投げられた。テオドロス、テアイテトスとプラトン自身は、アナロジーによって飛翔し、その勝利は改めて差異のうえに、もう一つの基礎的な段階を浮かび上がらせることになる。それは、ばらばらなものと推論または関係のあいだの緊張のうちにあり、障害と意思によって生まれるダイナミズムのように、そうした緊張が、この学問の歴史にめりはりをつけているのだ。構造主義まで含めてそうなのである。

構造主義と他の場所たち

数学の歴史において、こうした合理性と関係の祝祭が実際にずっと続いているということから、人類学者たちによって定義された構造主義が、何十年か前のことパリで、形式主義的な代数学者でトポロジー学者であるブルバキの構造主義や、また諸宗教の歴史家であったデュメジルの構造主義と合流したということを思い出してもいいだろう。まさに、そのもっとも広い意味と力強い形式主義におけるアナロジーを機能させながら、そこで問題となっていたのは、いずれにせよもろもろの操作を備えた総体（アンサンブル）を互いに比較し、それらに共通する操作の働きを可視化することであった。そしてそれらは多くの場合、一方では幾何学と数論、他方ではインドとローマというように、異なった領域から抽出されていたのである。[57] 第一のものが、レヴィ＝ストロースが分析し、私たちがこの本の一章で出会ったトーテミズムと結びつくのと同じくらい、第二のものは先に述べたアナロジズムと深い関係を維持している。最大限に差異化された、複雑で夥しい多様性に働きかけながら、第一のもの、第二のもの、時には第n番目の視点によっても手に入れられなかった関係づけのうちで、構造主義は真の力技を成しとげたのだ。

　例をあげよう。――順序構造は、ある水の流れの上流と下流を、混淆や濁ることの不可逆性を、過ぎ去る時の不可逆性を、子が生まれることと親族関係を、王の権力とあらゆるヒエラルキーを関係づけることを可能にする……。「狼と子羊」において、捕食者と餌食を対置させる対話が表していた、多様なもののうちにある一つの順序（秩序）である。多種多様に変奏され、繰り返される数学のおもな操作は、何度もいうが、相似や、同一性や、同形性を見出し、もっとも大きな差異を架橋するところにある。代数やトポロジーから、もっとも大きな明らかな隔たりを、構造はあらたにまたいだのである。それは、理解するという行為の、この時代におけるもっとも卓越した努力であった。数学はそこで、いつものように道を切り開いたのだ。それによって、みずからの起源と、その発展のダイナミズムに忠実であり続けたのである。

よく知られているように、カントとアインシュタインは、どんな奇跡によって数学が、世界を理解することにも成功しているのか、不思議に思っていた。その明解な答えは、次のようなものだ。――この洗練された学科を、すでに述べたようにもっとも厳密な言語として、あらゆるアナロジー的な関係を語り、多様化するためのもっとも豊かな辞書として定義するだけで十分なのである。それは共通点、方程式、応用、同一性、相互性、自己準同型、等価性、不変項といった、もろもろの関係を表現する方法によってできた知の道具（オルガノン）であり、それは増大する差異の多様性を覆いながら、集合（Ensemble, 総体、調和）についての――文字通り根本的な――理論のうちに、そのより優れた表現を発見することによって、絶えまなく完全性へと向かおうと試みる、ある漸進なのだ。数学はつねに、これらばらばらなものたちの集まりの差異を架橋し、そこにもろもろの道筋の普遍的な地図（アトラス）を描きだす。――これらの道は、ギリシャ語では方法（メトード）と呼ばれる。数学では、方法の数だけ夥しい論文が書かれるのだ。理解するということが関係づけることであるなら、高度に差異化された特異性を持つ集合（アンサンブル）に満ちあふれた世界は、厳密でつねに修正される方法で、それらに固有な差異を――そのうえ外部の差異も――おそらくそれだけが架橋することに成功するような、そんな稀有な言語に、そこで巡り合うことになる。数学は、アナロジズムのうちに整理されるが、それはその始まりのころだけではなく、歴史においてだけでもなく、現在そうであるだけでもない。ほとんどその定義上そうなのだ。逆に、アナロジズムは一つの数学主義なのである。

《大いなる物語》のアナロジズム

重い物体の落下と、惑星の軌道のあいだに単純明快な道筋をつけることによって、ニュートンはそれとよく似た力わざを成しとげた。こんなに普遍的で容易な道を、誰が信じただろうか？　パリのアカデミーも信じなかったのだ。ボーアは彼みずから、この軌道を原子核のまわりの微粒子の循環にたとえている[58]。このモデルが部分的に失効したにせよ、アナロジズムがその考案者に霊感を与えたことにはやはり変わりはない。一般化しよう。無秩序な百科学（エンチクロペディ）が、宇宙の物語に空間的で循環的な、満足な展望を開示してみせると、いまやその年代すら分かるビッグバンや、現代の知の総体が探り当てているもろもろの日付のすべてが続いてもたらされ、私たちの眼下に壮大な時間的規模で結びついた、驚くべき多種多様な風景が展開することになる。私たちの科学はそこに、おそらく数え切れないほどのばらばらな多様性を通って、最大限に持続するもっとも普遍的で長いもろもろの結びつきを確立するが、とはいえそれも、予期しない偶然の分岐によって中断することになる。この年代記風な、力づよく柔軟な、途絶えることのない結びつきを明らかにするものは、カオスの理論だろう。

いまや、あらゆる科学と世界を手にして、「大いなる物語」は、もっとも具体的な詳細ともっとも大胆な総括において、アナロジズムのもっとも徹底した表現を語るのだ。

もう一つの別の起源だろうか？　存在者を構成するもろもろの要素の、段階的な非連続性、外部と内部のあいだ、そして二つの内部のあいだ、さらには離れた事物のあいだ、相互に外在的な部分同士（Partes extra partes）[59]のあいだでの、それら諸部分の交換は、あらゆる変化が実際にどうやって生じるのかを理解させてくれる。それがメタモルフォーゼによるものであれば、それこそが進化論であり、突然変異と淘汰の操作によって、いささかアニミストや生気論者めいた《生の飛躍（エラン・ヴィタル）》を通じて、種が生まれるということが分かる。それが部分の所有（Possesion）にまつわるものであれば、これから語ることになる諸部分の交換が明らかになるし、また要素から要素へと構成され、分解され、次いで組み立てなおされ、ついには再構成される物体どうしの反応を均衡させる、ある種の方程式が明らかになるだろう。幾何学の起源に、素晴らしいことに、化学の起源をさらに結びつけることができるのだろうか？　ニュートンの偉業が、錬金術を実践していた頭と手から生まれたものであることを、私は忘れない。錬金術にあっては、常軌を逸したアナロジズムが、合理的でより賢明な化学のアナロジズムに先駆けていたのである。

メタモルフォーゼがアニミズムを特徴づけるのと同じように、それゆえ所有にアナロジズムを表す。私を構成する諸部分は、実際には私から離れ、広大な世界のうちをあちらこちらさまよっている。世界のもろもろの事物は、それ自体また、動き、旅をする諸部分によって構成されており、その諸部分はあちらこちらで、私も含めた他の人物や事物のうちに身を落ち着けることができるのだ。いわゆる悪魔的な憑依（Possession, 所有）の話をする前に、私たちはこうした構成と解体にもうしばらく注意を向けることにしよう。

おのおのの存在に、他の何ものにも似ていない特異性を与えている、普遍的な差異化について説明せねばならない。こうした差異化においては、最初の諸部分の集まりが、数かぎりないやり方で結合して、どっとさまざまな多様性が産みだされるようになる。いまのところ、身体のミクロコスモスのことは忘れておこう。そこでは、至るところからやって来る諸要素を、身体が統合し濃縮した独自の構成物が、世界のマクロコスモスの縮小モデルとしての像を示しているが、それはさすらう諸要素への解体と、それがよそで他の対象に、同じ諸要素や違う諸要素によって、同じかまたは違うやりかたで結合して再構成されることによって生じる単純なダイナミズムを、押しとどめておこうとするものなのだ。ライプニッツのアナロジズムの第一幕である「結合法論」が計画したのは、まさにこうしたダイナミズムであった。――そう、方法（メトード）というものは、あらゆる化学の方法と同様に、単純な諸物体から出発するものの、それが結合の爆発的増殖を無限のうちに開示するたびに、そうした諸物体を組み換えてしまうものなのである。

それは、そんな風に多くの部分から構成されている人間に関しても、まったく同様である。私はこれらのばらばらな諸要素から作られており、私の人格はいわばその綜合だが、私に特に結びついた要素は何もない。それら諸要素のおのおのは、出たり入ったりできるし、おもむろに別の人間に入り込んで、そののち自分（モワ）というものを作り上げるのに役立ったりするのだ。メタモルフォーゼによってプロテウスは獅子に、豹に、猪や蛇に、菩提樹にすら変わり、水や風に変化する。所有（Possession）は、一人の人間を解体し、他の諸要素によってふたたび作り上げる。そうした諸要素は、他者から、他者たちからやってくるのかも知れず、他者や他者たちに属したままなのかも知れないのである。

まるで化学反応のようではないか！　またまるで、両性生殖の時に両親の遺伝子が混ぜ合わされ、遺伝地図の混淆が実現するようではないか！　ここに見事に姿を現しているのは、知の起源ではなく、何らかの生物の起源の図式（シェーマ）である！　私たちは誰もが、確かに混血である。――私たちは誰もが、憑依（所有）されているのだろうか？

最後の自画像――ゲラサの憑（つ）かれた男

繰り返そう。メタモルフォーゼがアニミズムを特徴づけるのと同じように、所有（Possession, 憑依）はアナロジズムを表す。哲学はしばしば、自分自身に関心を向けるよう強いるが、行き着いた先は大体において、これら二つの化身であった。幼いころの私は、魚になったものだ。熱心に集中することで、どれほど私が、大概は部分的にだが、時にはまったく完全に、ある人間、ある観念、ある事物に没入してしまうのか、いまから告白することにしたい。ジャック・モノー(60)は私の前で腰が痛いと嘆いていたが、ＤＮＡやＲＮＡのリボンにあまりにとり憑かれていたので、彼の脊柱は研究のために、そのモデルの上で捩じったまま固定されてしまっていた。強迫観念になるほどに何かについて考えていると、私はそれによって、そんな風に自分が精神的におかしくなっている（aliéné）[61]と感じるが、私は何度もその経験を味わった。こうした経験なくして、ひとは発明することができるだろうか？　私は考える、ゆえに私は他者である。それが身体のうちに入り込むまで、この他者の周り、この他者の方に集中し、焦点を合わせること。まさしく狂気（Aliéné）である。なんということだ！　人は自分から外に出たものだけを創造する。もしそれが外に出たのなら、それはそこに入り込んでいたのでなければならない。私の魂が、あらゆる思考するものたちのなかで、幾つもの声で語ることができるのは、こんな風にしてなのだ！

　ありふれていて怪奇な、こうした憑きものは、熱情がある女を身体に入り込ませ、狂気（Aliénation）にまで至った時に、その絶頂に達することになる。——あんたの肌のなかに入り込んだよ！　恋人であり、所有者である彼女は、一種のうぬぼれ屋の麻薬的な悪魔に自由を奪われたと思っている男に、その時とり憑く（possède）のだ。侵入。占領。捕獲される。媚薬をその滓まで飲み干しながら。秘薬が胸に一滴、また一滴と落ちてゆく。——女はそこに入り込む、一部分ごとに。

　イエスは、私をゲラサから遠からぬところで見出した。裸で、さまよい、ふらふらして、あらゆる鎖から逃れ、岩に穿（うが）たれた墓のまわりをうろつき、叫び、あらゆる機能を備えた占領軍のように巧みに散開したこの複雑な（multiple）女を、自分から決して追い払わないでくれと、神にむかって懇願している私を。私はお前を愛している。だからお前の招待主（オート）(Hôte, 客) なのだ。私はお前に懇願しよう。——私のなかに住まい、私を食べてくれ、私の私（モワ）を貪るようにお前に与えよう、私の基礎代謝でお前をふたたび温めてくれ。それを望んでいたのは、私なのだろうか、彼女なのだろうか？　だが、そんなことはどうでもよく、彼女は私にとり憑いたのである。心ならずも、望まぬ者を招き入れた (Invita invitum immisit)。

イエスは、私をゲラサから遠からぬところで見出した。裸で、さまよい、ふらふらして、あらゆる鎖から逃れ、岩に穿（うが）たれた墓のまわりをうろつき、叫び、これらすべての人たちを、中国人を、先コロンブス期のナワ族[62]を、マヤ語のチョッジル族を、グアテマラのチョルティ族[63]を、西アフリカのマンデ–ヴォルタイック地域のドゴン族やバンバラ族を、私の魂を無数の声で占めている、私のようなすべてのアナロジストたちを自分から決して追い払わないでくれと、神にむかって懇願している私を。無限に交錯する錯綜に覆われた、識別しがたいものたちと多様な諸関係の豪奢な世界を、彼らのように歌っている私を。私は考える、ゆえに私は彼らの思考である。私は彼らを愛する。彼らは私の招待客（オート）(Hôte) なのだ。——私にとり憑き、私を貪り、私の肌でふたたび温まる招待客なのである。それを望んでいたのは、私なのだろうか、彼らなのだろうか？　そんなことはどうでもよく、彼らは私にとり憑いたのだ。望まぬ者たちが、望まぬ者を受け入れた (Inviti invitum immiserunt)。

女魔術師のキルケーは、オデュッセウスの仲間たちを豚に変身させてしまった。[64] オデュッセウスは彼自身また、誰でもない(ペルソンヌ)、つまり万能鍵という名によって知られている。[65] 魔女は彼に入り込むことができなかった。――その媚薬は彼を動揺させなかった。船員たちはというと、彼女は皆を豚に変えてしまった。ホメロスは彼らが、このあたらしい衣装のもとでどうやって生きたのか、あるいは死んだのかを語っていない。船乗りたちのメタモルフォーゼは、一対一である。――一人の人間が多数によってとり憑かれること。三つの福音書で語られているのはこれであり、実際に、哀れな裸の錯乱した男から抜け出し、次いで無数の豚の肉体に入った悪魔たちは、切り立った断崖のてっぺんから身を投げて、海あるいは湖で溺れてしまうのである。――パニュルジュの羊、[66] 模倣の悪魔、死の魔王というわけだ。とり憑かれた男は、自殺しながら自分のことをシャワーで消えていなくなる蚤やしらみのように思ったのだろうか？ 蒸し返すが、彼は夥しい群れをなす占領者たち、もしくは脱多様化された彼の招待客たちを、一つの死に至る模倣によって厄介払いしたと思ったのだろうか？

おびただしい数の群れが、山で草を食んでいた。と聖ルカは語っている。[67] 憑依現象の経験は、彼にこのような多様性、このような群れ、このような地獄の喧騒のうちで蠢く(うごめ)数知れぬ集団を想起させている……《魔人(ジン)たちの群れが通る／旋回し口笛を鳴らして》[68]……イエスは彼に尋ねた。名を名乗りなさい、と。私の名は軍団だ。と、悪魔の軍隊に入り込まれた不幸な男が答える……《忌まわしい軍勢／吸血鬼や龍どもの》……

外部の、事物たちの無限の多様性、その万華鏡とその諸関係の交錯するネットワークは、その叫びたてるカオス、無秩序－秩序を、主体の内面に投影する。この主体は、世界とまったく同じように、幻聴とバックグラウンド・ノイズの耳を聾するような混沌のとりこになっているのだ。

私のうちには、無数の思考が蠢いている。とライプニッツは言った。——デカルトは、彼のコギトCogitoが、古いco-agitoを隠しているのに気づかなかったのだろうか？ その最初の意味は、途方もない数の羊の群れが、カオス的に動くことを表すものだった。私の諸観念は、私の娼婦なのだ、とドゥニ・ディドロは言った。[69] それがパレ・ロワイヤルで、行列をなして通り過ぎてゆくのを感嘆してのことである。私の名は軍団だ。ゲラサの憑かれた男が繰り返す。私のなかではコギトCogitoが、途方もない数の豚の群れが蠢いている。再度言おう、《無数の声を持つ私の魂／わが崇める神が／響くこだまとして万象の真ん中に置いた、この魂を……

こんな風にして、彼女や彼らから遁(のが)れでた彼女や彼らのすべての部分が、私のなかに入ってくる。こんな風にして、私のもろもろの断片からは、駆ける群れが外に出てくるのだ。私は軍団であり、継ぎはぎの衣装を着たアルルカンであり、私の身体はオルフェウスのように、狂乱したトラキアの女たちによって切り裂かれ、ほとんど八つ裂きにされ、解体されていて、[70] わが断崖の高みから自分の涙の散らばる湖へと転落したり、地獄への下り坂を真っ逆さまに落ちたりしかねないありさまなのだ。

オルフェウスの頭は、ある流れる液体、静かな河の川底に落ちてからも長いあいだ歌い続けていたといわれる。ところで、あの獣たちが一緒にすべて海に沈んでからというもの、海は私が夢想する、幹（Souche）または不調和な形而上学（メタフィジックス）になったのである。神聖な、微笑を浮かべたこの海は混淆する。——私はそれを生き、それを眺め、少なくともそれを知っているのだ、あり得べきすべての思考を。——その潮のささやきは私のように幾つもの声で思考し、そして歌う。

第四章　自然と文化の婚姻

フィリップ・デスコラは、彼によると西洋で通常みられる世界観を、ナチュラリズムと名づけている。人間の意識や内面性が、世界に沢山ある諸文化と同じように個性的で、原子によってどれも一様に形成されている事物(モノ)や身体とは隔たっているというのは、この世界観に基づくものだというのである。能動的で、内面性を備えた人間たち、主体たち、人格たち、集団たちは、知覚し、観察し、感じ、思考し……知る、そして意思を備えているので、外部にある受動的な対象(オブジェクト)たちを、変形するというわけである。

文明によって感情や、言語や、儀式や、制度が違っている私たちと、まったくのっぺりした、同じ原材料でできているために似ている事物たちとの、この途方もない別離が、西洋を特徴づけているのである。一方には、自然がある。諸文化は、他方にある。すでに検討したように、他の三つの見方はこうした分割を知らない。この分割によって私たちは、客観性（Objectivité）と呼ぶものを獲得したのである。

主体（Sujets）は、そこにある。対象（Objects）は、対面にある。しかしこれらの言葉は、何を意味しているのだろうか？

対象（オブジェクト）、事物、現実性[1]

私たちの中世のスコラ主義的な大学では、おそらくオレーム[2]が、実際にはユダヤ－キリスト教の影響のもとに、主体（Sujet）－対象（Objet）という、この最初の分離を考案したのだと言われている。ここに見出されるのは、一つの動詞をもとに作られた二つのラテン語である。――投げ出す（Jeter, Jacere）、前に投げ出す（ob-ji(a)cere）、下に投げ出す（sub-ji(a)cere）。下にあるもの、主体（Sujet）の、前に投げ出されているものを意味しているのが、対象（Object）であった。

前置詞のObは、対置（Opposition）を立てるものである。～に対して、～に面して、といった具合だ。おそらく公平な観察（Ob-servation）もそうだが、妨害（Ob-struction）、障害（Ob-stacle）、反論（Ob-jection）、さらには強迫観念（Ob-session）といったものもそこから来ている。そんなわけで、この分離の接頭辞からは、私たちが客観性（Objectivité, 対象性[3]）の特徴としているものとは、どうかするとまさに正反対の意味がもたらされることになる。その例――対象性が目的補語（Complément d'objet）の規定になる時、それはわれわれの文法では昔のラテン語の対格にあたるものである。対格[4]（Casus Accusativus）、その名前――訴訟（Cause）！――は、対決を想起させ、正義の法廷で検事を前にしているような心持ちにさせる。――異議あり！（Objection!）とおおやけの告発者は叫ぶが、その言葉はまさに、ヘブライ人がサタンの名としていたものである。[5]ここにあるのは激しい闘争であり、事物そのものに備わっているという公正な非人格性を大いに混乱させようとする、主体的な意図である。

対象それ自体は、何を物語っているだろうか？ 私たちが対象的であると信じ、そう願っている事物（Choses）は、訴訟（Cause）を――それは同じ言葉なのだ――法廷喚問（Mise en cause）や、告訴（Accusation）を、判決のために開かれた裁判所の前で、相も変わらず繰り返しているのである。[6]さらに言えば、実在論が客観性（Objectivité）の証拠として振りかざしている物（Res）[7]も、まずもって裁かれる事案のことを意味しているのだ。――裁判の訴訟、係争の対象をである。ようするに、客観性（Objectivité, 対象性）という言葉は、刑事もしくは民事の正義の法廷で耳にする、無数の口頭弁論で満ちあふれたものなのだ。

個人的な意図、主体的な情熱、さらには攻撃性といったものが、前に投げ出されているもの――Ob-jectus――という語の意味をもこんな風に満たしているのである。この語は、当初は視界、ある観点とそれゆえ結びついた、パースペクティヴ的な挑めのようなものだったが、次いで愛の炎の対象を表すようになり、《無数の異なる対象の、移り気な崇拝者》とテゼー（テセウス）についてラシーヌが語り、[8]《私のただ一つの恨みの対象》と、『オラース』のカミーユが永遠の都にむかって叫とになる。[10] んだりする。[9] さて美学についてはと言うと、——バルザックが初めて、芸術の対象について語ることになる。[10]

すべてはまるで、個人的、集団的、政治的な主体性が、対象性（Objectivité）のうちに満ち満ちていることを分析してみせる、私たちの時代の科学社会学者が、中世のころから言語によって予見されていたかのようなのだ。[11]——それはまさに、少なくとも言葉それ自体によって一〇〇〇年以上も前から明確に表現されており、そしてずっと彗星の尾のように、長々とその意味のうちに残り続けているのである。対象（Objet）、事物（Chose）、現実性（Réalité）……と、法律に起源を持つ三つの言葉を使いつつ、私たちの言語はまったくかけ離れた、冷静で明晰な分析のうちにいるつもりでいたのだが、情熱と口論のまわりでうろうろしていたのだ。《ナチュラリスト》の離別には、ひびが入っているのである。

法（Droit, 権利）ということを言うのであれば、こうした離別は、たんに野蛮人や、動物たちや、物質的な事物、自然それ自体といった、権利の主体になり得ないものが、対象の身分に落ちるということに起源をもってはいないだろうか？　どんな法廷が、最終審級において、私たちの研究対象であるよう、命令を下すというのだろう？　どんな批判（クリティック）がそれを決めさせたのだろうか？　逆に、自然契約が成りたてば、ナチュラリズムは滅んでしまうのではないだろうか？　それはそうした驚くべき協定をもたらすのである。

さてそんなわけで、私たちは事物や現実の対象（オブジェクト）が、客観性（対象性）という言葉のこれとは別の用法を、感じることもできなければ、聞くこともできないままであると主張している。確かに、私たちは調和的なものによる単純化を試みる。——しばしば、私たちはそれに成功する。——応用数学の言語について語ることによって、私たちがついに世界ともろもろの事物を、個人的もしくは集団的な私たちから遠く離れたところに置く、といったことすら起こる。実に立派で稀有な浄化だ。私が安易にリアリズム（Réalisme）を標榜するだけで、これらの事物と世界は、一つの漸近的な限界へと投影されることになる。——この限界というのは、それがもし存在するのであれば、英雄的で、歴史的な、無限の労働によって、その意味の矛盾がもたらす絶え間ない労苦によって、そうしたリアリズムに到達できるかもしれない、といったものなのだ。現実（Réel）[12]の世界は、私たちには、この苦役の果ての地平線に現れるように思われる。[13]私たちはそこで働き、それを素描し、それを教え、それを伝達しようと努める。とはいえ、私たちはこんな対象しか存在しない世界に、耐えてゆくことができるだろうか？

技術（テクニック）——機械、オートマトン

ここに幾つか具体的な例がある。西洋のナチュラリズムは、幾つもの技術に由来するものだといら風に語られている。風車、水亘、蒸気機関、ようするに、もろもろの機械の力学的なモデルから来たものだというのである。その一つの例を挙げよう。——時計である。それはまさに、ホイヘンスによって組み立てられ、改良された一つの対象（オブジェクト）である。ホイヘンスは脱進機を使ってそれを完

成させた。それはまさに、ほとんど初めて、もっとも内面的な主観、ひどく不安定な意識のうちに、時間の客観性をもたらし、さまざまな社会的実践のうちにさえそれをもたらすことになるのだ。彼のおかげで、私たちはタイムスケジュールを発明したのである。青年デカルトは、同じころにあるオートマトンを讃えているが、それは歯車仕掛けで庭を飾るものであった[14]。それらのばねが巻かれると、大時計がひとりでに、自動的に動くのである。驚きだ、素晴らしい！

さて、動物たちもこんな風に、神によってばねを巻かれて動いているのだと、デカルトは語っている。ところで周囲の世界、太陽や諸天体は、同じように回転しているが、その動力を人が見ることはない。それゆえオートマトン（自動人形）である動物たちは、機械のように動いており、――同様に、世界も時計のように回転し、周っているのだ。これらの人造物（Fabrication）を目にしたら、どうして動物－機械モデルや世界－大時計モデルから免れることができようか？　機械論は、自然と生命にオートマトン（自動人形）の図式（シェーマ）を投影する。反対に、もろもろの機械は天の運行を模倣するのだ。その形と運動によって、世界はこれらの人造物を、自分の規模にまで拡大するのである。ナチュラリズムは一度に、組み立てられたものと既存の条件を表現するものなのだ[15]。

ここに姿を現しているのは、私がフォーマットと名付けたものである[16]。クアトロチェント（イタリアの一四〇〇年代）のヴェネチアでは、何種類もそれが発明された。空間については、円錐曲線の再来である遠近法（パースペクティヴ）が、（これは繰り返し言われているように、画家によって発見されたものではまったくなく、アポロニウスの円錐曲線論のアラビア語訳において再発見されたものである[17]）、言語においては印刷術が、貿易においては貨幣[18]が、商業においては簿記が、という風に……

運動の伝達のメカニズムである静力学や、生まれつつある動力学は、こうしたフォーマット化の一部分を形成するにすぎない。このフォーマット化はヨーロッパに、印刷機、大時計、絵画、切手、バランスシート、測量のためのさまざまな単位……といった、比類なく有効な媒介の道具を与えた。諸対象の同質性（Homogénéité）が、空間と運動によって形成され、諸対象はそれら二つの構成要素のうちに押し込まれてしまう。ようするに先述のナチュラリズムは、ローカルな要求のために作り上げられた機械から、グローバルな廻る世界という機械へのこの移行から生じたものなのである。[19]

生物の科学

世界はかくして、時計をモデルとすることになったが、そこでは時間は可逆的なやりかたで数えられている。この時計は時を告げるが、時に従うわけではない。――それは別種の時間を理解することを妨げすらするのだ。ポケットのなかのプラネタリウムである時計、これこそがオートマトンであり、その惑星の循環は逆に、巨大なモデルになる。ニュートンがヴォルテールを通じてフランスに浸透したのは人も知るところだが、次いでラプラスを通じて勝利をおさめることになる。彼は天体力学と一般力学、天文学と物理学を征服するのだ。生物変移説や進化論には不可欠な、長い時間の観念はこの機械論もしくは《ナチュラリスト》の文脈では現れることができなかった。こうした持続が、長いものであることについてはもちろんだが、それがとりわけ不可逆的であることに対して、もっとも頑固に反対した者たちが、機械論者たちのうちにはいた。そのうちのニュートン主義者たちは、回帰的な時間のパルチザンであって、もっとも知識の豊富な党派の役を果たしていたのである。

自然科学はそんなわけで、彼らの運動の外部に長いこととどまっていた。動物 - 機械論は自然科学にとって、孤立したものであり続けたのである。ラ・フォンテーヌからサブリエール夫人へと宛てられた、有名な反デカルト主義の『麗辞』[20]は、モンテーニュの『弁護』[21]の後で、田舎の彼らの同時代人たちのように、何世紀にもわたって動物の魂があるほうに与している、大多数の専門家たちの意見を描き出している。キュロー・ド・ラ・シャンブル[22]、ガッサンディ[23]、ベルニエ[24]、ベール[25]、ライプニッツ、シャルル・ボネ[26]、ブリエ[27]、フォントネル[28]、ラ・メトリ[29]、その動物霊魂が物質的なものであったにせよルヌーヴィエ[30]自身も……ファーブル[31]もそうだろうか?……その大部分は、近年『フランス語による哲学的著作の資料体[32]』において刊行され、これと連携した雑誌において目録化されたものだが[33]、全体として圧倒的な多数派を形づくっている。アニミストなのだろうか? ディドロは実際に、原始的な感性を物質が持っていると考えていた[34]。

自動車廃棄場のフラクタル

世界と微積分計算の先駆者であるライプニッツは、こんな風にフラクタルについて最初に語ってもいる。一匹の動物は、そのもっとも小さな細部にまで至る諸々の機械でできた、一つの機械を表している、と彼は言う。この命題は、今日私たちが生体の組織のうちに、もろもろの分子が、洗練された機能でいっぱいに満たされているその諸細胞のうちに、ほとんどその適用例と呼べるものを再発見しているだけに、いっそう魅力的である。すでにナノ技術を予見していたのだろうか？

機械論的モデルを発展させる人たちは、私たちが機械を作りながらしていることを省察しているだろうか？　手は無からは何物も決して造ることができず、形而上学者たちが第一質料と呼んだものが必要である。——木、青銅、真鍮、プラスティック……といったものがいるのだ。時計の振り子はなるほど、細く、長く、重力のかかる形（Forme, 形相）を持っている。だが同時に、一般には合金による質料（Matière, 素材）も持っているのだ。あらゆる事物のうちに、アリストテレスはすでに質料と形相を区別していた。しかし人工的な形態（形相）を持ったこの合金は、もろもろの素材（質料）を混ぜ合わせている。——だが、この真鍮、エランバー[35]は結晶を含み、分子を含み、原子を含み……それゆえ数多くの形態（形相）を含んでいるのだ。

私たちがいつの日か、例えば大きさの規模をどこまでも小さくした機械を造り、《実在》と同じようなものにしたとして、無限小に至るまで形相しか見いだされなくなるといったことがあり得るだろうか？　そこまで機械であり続けている何らかの機械を、かつて人が造ったこと、あるいは考えたことすらあっただろうか？　ライプニッツの言葉とミニチュア化は、機械論の根底に問いを投げかけるものである。

科学の歴史もまた、笑いを催させるものだ。というのも、例えばモデルとしてコンピュータを採り上げる人たちは――どの世代のコンピュータだろうか？――先行機種が、高速化したもののおかげで、今度はどうなるかを忘れているのだ。進歩がそこでは、自動車のスクラップや機関車の廃棄場の肥やしになっているのである。こうした日用品はたちまち流行遅れになる。古典主義時代の時計は、私たちにはぶらぶらした小さな飾りのように見えるし、ヴォーカンソンのアヒルは(36)、博物館の分解された部品に見える。機械論（メカニズム）はその航路に、滑稽ながらくたの古物市を山積みにしてゆく。自然がもしメカニズムを模倣するなら、それもたちまちこうした汚水処理場になってしまうのだろうか？　おそらくそうである！

オートマトン

あるメカニズム、時計、ロボットの動きを、自動的（オートマティック）なものと呼ぶ時、私たちはまだ自分たちが語っているものを知らない。私たちにとっては、オートマトンとは主体の何らかの意思や意図がそこに加わることなく作動するもののことである。それはまた、ナチュラリスト的な離別の完璧なイメージにもなっている。

　ところで、このオートマトン（Automate）という語がその一部をなしている意味の同族はすべて、インド＝ヨーロッパ語の古い語根 men によるものだが、この語根はまったく逆に、精神（Men-tale）の活動を表わすものである。――熱烈な（véhé-ment）、心神喪失した（dé-ment）、解説（Com-mentaire）、言及（Men-tion）、嘘（Men-songe）、記憶（Mém-oire）、記念碑（Mon-ument）、証明（Démon-stration)、貨幣（Mon-naie）……先ほどのフォーマットがまた姿を現しているではないか！　時計（Mon-tre）それ自体が、その一部なのだ！　時計を意味する言葉は、それが精神を持っていることを語っているのである。私たちはそれゆえ理解力を指す言葉で、それがあらかじめ欠けていて欲しいと願っているものを言い表しているのだ！　オートマトンは精神の活動と、古代ギリシャ人がグノモン[37]と知を結びつけていたのと同じ、古い関係を維持し続けているのである（『科学史の基礎資料』を参照のこと）[38]。日時計の針であるグノモンは、文字通り《知る者》を意味しているのだ。総括すると、私たちは先のナチュラリズムを、それと矛盾した言葉で語っており、その言葉は逆に、人工的であるというよりは客観的（objective）もしくは客体的（objectal）な知性があることを、公然と語るものである。アニミストの言葉なのだ！

事物、対象（オブジェクト）、現実、オートマトン、時計……ナチュラリストの離別は、かつて存在したのだろうか？

人文諸科学の起源

矛盾的だが、この離別は自然にまつわる知の内奥から始まったわけではなかった……私たちが先だって心置きなく探訪した、トーテミストの分類や、アニミストの物理学や、アナロジストの数学といったものからではなく、逆に、ある時期その権利が語られた、人文科学の誕生から始まったのである。満を持して決定されたこの分離によって、確かに厳密科学（Sciences dures）に対して、ソフトな（douce）ものによって構成される文化の研究が可能になった。それが生まれ、発展したのは、とりわけ大学の内部においてである。私はびっくりして目を丸くしてしまうのだが、社会諸科学はフランスでは、所管大臣のお触れによって生まれたのだ。ありていに言えば――それらの誕生じたいが、自然、厳密科学の唯一の《対象》と、文化、あたらしいもろもろの知に開かれている多様化された領域との、区分の到来を促したのである。すでに述べたナチュラリズムが人文科学を生んだのだろうか、あるいは人文科学がナチュラリズムを造りだしたのだろうか？　この疑問には、最高決定機関で決定を下す権利を唯一もっている権力のせいでそうなった、とだけ答えることができるのではないだろうか？　いずれにせよ、古い科学の母体から分離されて、人文諸科学はとうとう、そんな風に画定された彼らの専門分野のなかで領土を探訪し、それら自身の方法とその独特の対象を作り上げ、ついにはもろもろの理論を夢想することができるようになったのである。

こんな風にして生まれた、二つの知の大陸の漂流は、古代との対峙ということに関して、新参のものたちに二種類の態度をもたらすことになった。あたらしい諸学問は、まずそれに魅せられ、先にあった諸学問を模倣し、猿真似すらしようとした。次に、逆に、古い諸学問への無知から、ときとしてそれらに向けられる攻撃性が、今日ではひっきりなしに耳目を驚かすようになった。それゆえ、私がナチュラリストというものをそれと認めるのは、本当のところ、その不条理な断絶によって、厳密科学をソフトな学問から分離しようと躍起になっている大学の分類とか、教育された人たち、無知な文化人のなかの非文化的な知識人たちのもとででしかないのである。第三の知恵による架橋は、ユートピアにとどまっているのだ。

この点について、私はフランスとドイツの大学とでは調子が異なっていたことを記しておきたい。前者では一九世紀にはオーギュスト・コントの分類が支配的であり、したがって社会学が物理学や生物学といった学問のリストに加えられた。言葉と学問対象を作者によって発明されたこの学科は、もっと後には人文科学のうちに分類されたが、そこでは天体や生物を対象とする学問に続くものとされているのである。コントは自然の科学と集団を扱う科学のうちにいかなる溝も認めなかったし、押しつけることもなかった。反対に、社会学は分類において、力学や解剖学との連続性を示しているのである。彼にとって、社会の研究が他の学科に続くものであるとしたら、それは人々が外的な世界からあまり分離されていないからであり、社会が自然化される（naturalisant）ことで、ナチュラリズムは遠ざかるのだ。きわめて宗教的な第二のオーギュスト・コントを、もはや誰も読もうとしないだけに、彼はいっそう遠くなってしまった。誰もが彼を今日の《実証主義（ポジティビズム）》の先駆者としてありがたがっているが、彼は実際には少しもそんなものではなかった[39]。これらの文章を書きながら、私は『自然契約』に続いて、『第三の知恵』でまさに努力したことを、そしてそれらの本が、ナチュラリズム的なフォーマット化に対抗して、おそらくこのフランス語の伝統から生まれた、二重の架橋を行ったことを意識していた。

この伝統とは逆に、学問の諸分類は一九世紀末には数多くあったが、私たちの友人ドイツ人たちのもとでは、今日では当たり前になっている、リッケルト型[40]のこうした分離が承認されていた。というのもこの分類は、精神の学問、あるいはむしろ文化の学問を奨励し、それによって、ずっと以前から根付き、習慣的に厳密科学に与えられてきた尊厳とは別に、多くの場合それに対抗して、それら精神や文化の学問の尊厳を守ろうとするものだったからである。啓蒙の普遍主義に初めて対抗したのが、こうした分類学者たちだっただけに、ローカルな共同体の特殊性を擁護し、詳述することから霊感を得て、彼らは文化に、あるいはむしろ諸文化に、精密で具体的な幾つもの定義を与えていった。この時、フランスの普遍主義的な人文主義に対し、ドイツは文化的なローカルさを擁護しようとしていたのだ。大学の機構が出現したことが、ナチュラリズム的な離別を準備することになったというのは、いささかアニミスト的なロマン主義から、ようやく大学の機構が出てきたことからすれば、なんと奇妙な出現だったことだろう！

　その後、世界中いたるところで、民族学や文化人類学、ようするに人文諸科学は、それらの定義を洗練させつつ、採り入れることになる。さて、同じ時代に、アメリカの諸大学が、少しずつ、ドイツの強い影響のもとに作られてゆく。――それは今日でもなお、この影響の記憶を無数に残している。彼らの往年の教養主義（カルチュラリズム）、今日の多文化主義は、はるかに遠いゲルマン的な感化を留めているのだ。フランスの大学はというと、少なくともルナンの『学問の未来』[41]以後、まったくこのモデルから逃れられてはいない。この本で著者は、学問の未来を文献学に約束しているのである。

　ナチュラリズムはそんなわけで、アカデミックな機構がそれを具体化し、それを聖化し、それを普及させたかぎりにおいて、ドイツの大学が世界に影響を及ぼし、その刻印を押した、この歴史的な時期に由来しているのである。それが仮構でしかないと、結論づける必要があるだろうか？

発明の技術

おそらくある。というのも、私はこのナチュラリズムによって霊感を受けた作家や、いわんや詩人を読んだり、作曲家を聴いたりしたことが決してないからである。私はいわゆる厳密科学において何らかの重要性を持つ発見で、自然と文化の区別から生まれたと言いうるものも、何一つ見たことがない。一様で、のっぺりした、生気のない、統一的な部分と、もう一つのうじゃうじゃした部分とのこの分離は、むしろ学者たちの発見と展開を不毛なものにしてしまう。デカルトによって発明されたこの分離は、彼をライプニッツが《物理学の夢物語（ロマン）》と呼んだものへと導いていったが[42]、むしろ《アナロジスト》的なその批判のほうは、ほとんどあらゆる学問分野において、われわれの現代を発明することになった。

博物学の分類のトーテミスト的な傾向、現代の情報諸科学のアニミスト的な傾向、数学のほぼアナロジスト的な傾向、そして三つの場合のいずれも、例えばこれらの分野の起源と発展した部分を改めて含んでいることを思うにつけ、私はナチュラリズムが教育上の仮構として誕生したことを理解せずにはおられない。それはただ、人文科学の出現に都合がよかったというだけではなく、そのまったく単純で反復的な性質によって、*教育や訓練や伝達に有用だった*のである。ここにあるのは、実際のところ、*模倣の情熱にとってのあり得べき最良のフォーマット*である。——ところで、模倣がなければ見習い修行も教育もまたありはしない。もろもろの制度は模倣の娘として存続しているのだ。

発明は別のものを求める。——改宗を求めるのだ。私はここで、誰かにトーテミズムに改宗しろとか、アニミズムに改宗しろとか、他の何かの世界観に改宗しろと言っているのではまったくない。この書物が示すのは、ただ逸脱のもろもろのタイプであり、キャンパスを離れ、よそで野営するさまざまなやり方である。しかしながら、絶対的に言って、より価値があるのは改宗すること、振る舞い、身体、思考、言語、希望、要求を変化させ、そのサンダルを火に投げ捨てて、たった一人で裸でゆくことを恐れず、そのテントを真実の森のなかに張り、軽蔑に耐え、虚栄心に屈さないことである……それは必要だが、しかしそれだけで十分なわけではない。なぜなら、ちょうどいい時期に良い問題のうえに落っこちるという幸運も必要だからである。こうした二重の冒険によって、発明者は苦悩する狂人に、痛ましい異邦人に、いずれにせよ稀有なものになる。発明の技術は、異国の言葉で語られる。——われわれの天才たち（Gênies）は、よそから、アマゾンから、オーストラリアから、ニューヘブリディーズ諸島からやってくるのだ。《自然》から到来し、彼らはあたらしい文化を出現させる。とうとうそれが、まさにここにやってくるのだ。

一　わが死せる文化

冬といえば、豚の料理だった。――春になると、司祭が豊年祭で、畑を祝福していたものだ。ハシビロガモと腹白のくっきりとした対照[43]、戸口の前で開かれる子牛の定期市と、日曜日の家禽市場。――オック方言の緻密なモザイク、ベアルン語やペリゴール語が変化したさまざまな言葉が、ランド地方からカタルーニャまで続く[44]……これは、私が土着民として生い立った、古い文化の幾つかの特色である。アベ・ブノワ[45]、ニーダーモルシュヴィア[46]、モリーヌ＝アン＝クイラ[47]、メアン＝シュル＝イエーヴル[48]のわが友人たちは、そのころブルターニュ、アルザス、ピエモンテ[49]、ベリション方言の[50]、彼らの文化を衰亡させていた。二つの世界大戦の殺戮によって地方の人口が崩壊し、緑の革命に大量に命を奪われ、都市化と、高速道路と、旅行業者たちと、テレビによって消し去られて絶滅したのである……。そこかしこに残されているのは、民族学者しか興味を持たないような、こうした田園文化の廃墟なのだ。

二、三　われらが病める文化

こんな朗唱を耳にした時《祖国のために死ぬのは、まことに尊き宿命、／かくも麗しき死を願って、人が群れをなさんことを[51]》……私は誰がこんなホラーを書いたのかと思ったものだ。そのときピエール・コルネイユの『オラース』は私には、人間精神にとってとは言えないまでも、少なくとも私たちの第二の文化を表す傑作という風には、あまり見えていなかったのだ。

それは私がみずからのうちに、まだその亡霊を保っている文化であり、消滅を惜しむまでもないものである。いまいちど、ここにその特徴をいくつか挙げてみよう。――ラテン語やギリシャ語はもちろん、場合によってはヘブライ語やサンスクリット語に習熟したものたちによって構成されたこの文化は、時を遡り、歴史の限界へ、書くことの起源へとむかう。それは他方では空間を旅して、私にとってのガスコーニュの地方性のような、ある集団の特殊な実践の集まりとしての――文化の最初の意味がそこで定義されるような、ある特殊な場所から出発して、フランスの別の言語、オイル語や、その歴史、その文学、その芸術作品といったものへとむかい、類似したつくりの諸言語であるスペイン語や、イタリア語や、英語や、ロシア語が話されている、近隣の無数の国々へとむかう。科学史に、異教徒の神話に、一神教徒の神学に、揺るぎない知識を増していけば、あなたは先に述べた文化の輪郭、外形を描き出すことになる。それは、エラスムスやモンテーニュから、ロマン・ロランやシュテファン・ツヴァイクに至るわれわれの人文学者（ユマニスト）たちが、みずから彫琢して彼らの周りに普及させた文化そのままだが、それを受け容れつつ私は、しかし初めていたずらに、その形態を恒久化しようと試みているのである。ギリシャの幾何学から、聖パウロの書簡と人間の権利を経由した文化は、すでに述べたが、抽象のうちでも個人についても同時に、普遍なものになりすます傾向を持っている。私たちは後になって、それがヨーロッパであったに過ぎないのではないかと懸念したのだ。

私の心情に鑑（かんが）みれば、オック圏から西洋へ、豚の料理、つまりローカルなものから、ルーヴル、CNRS[52]、ユネスコといったグローバルなものへと青年時代を歩んだ紳士（オネトム）は、三番目に、心穏やかに、皺をきざんで、ユークリッドやプルタルコスから、地方性へと戻ってくる。私の魂の悦びのなかでもっとも大きなものは、こうした回帰へと赴くことに結びついている。――パンサのロバのうえで、書物に酔うセルバンテス[53]、ラホンタンのモンテーニュ[54]、ジャックの馬に乗って、絞首台の下にいるディドロ[55]。

四　彼らの文化

近年になって、出口も入口もない迷宮のなかのそれらの亡霊を追い払った文化によって、私の社会の意味の第四の再定義がなされ、そのため先行する三つの私の文化は消し去られてしまった。ここに、いま一度その特徴をいくつか描いてみることにしよう。――白状するが、私はそこでミストラル[56]やラシーヌ、ラヴェルや豊年祭にあたる名前や活動が何なのか、よく知らない。歌手も推進者も、所管の省を管理している者も、企業や銀行出身のスポンサーたちも、映像がばらまかれているメディア的で政治的なスペクタクルの偶像たちも、よくは知らないのである。

私にもろもろの学問、音楽、情報のウェブ上での再分配を、新たな相互共有を享受している。それはスターたちを台なしにし、あたらしいものをたちまち、一番古いものにしてしまう。そしておそらく、文化的な例外というシステムそのものを台なしにしてしまうのだ。というのも、すべてに差異がないと思っているので、ラジオのジャーナリスト、テレビで放送される情報の解説者、説教壇の司祭、大教室で講義する大学の教授は、まるで見分けがつかないからである。誰もが一方向的な経路に陣取って長広舌を振るっており、知や情報の源へのアクセスの独占者であり、みな同時代人の身体をだらけたままにし、腰の据わらない人間にしてしまう第一人者なのだ。もっとも、コンピュータはそれを操作する人々をふたたびしゃっきりと立て直している。身体は決して欺かないのだ。

最初のアカデミズムを最後の位置にまで後退させた、こうした二重の再定義については、その恩恵を受けている者たちの不安定な富や権力や名誉を前にして、私はスキャンダラスだとも、羨ましいとも感じない。しかあれかし。[57] 私は自分の時代とともに生きるが、それでもそんなに悪いと思っているわけではない。おそらく、むしろほかの時代よりは卑俗で、暴力的で、人殺しでないこの時代は、思うにもはや先の時代のように何千万もの死者を生み出しはしなかった。それは私の幼少時代だが、私が血のなかにその記憶をいまだ保持している、第二の文化をまさに備えた時代だったのである。

私は逆に、オック圏―アカデミー―メディアという、三重のずれを楽しんでいる。これは局所性―抽象的普遍―世界的普及ということだが、その不均衡さによって、私の目から鱗が落ちたのだと思いたい。私たちが後ろに戻ることは決してないだろう。私はさらに、五つ目の文化の輪郭が姿を現すのを川下のほうから垣間見て、面白がっている。それは次のようなものだ。

五　種としての、自然的な人間

民族学のソフトな（douce）圧力によって、オック圏と西洋との境界は緩やかになった。——民族学を通じて、私たちは王権による決定で歴史から排除された、文字を持たない人々の文化を学んだ。こうした決定は、文字によっておのずと日付が刻まれるのである。口承の伝統は、書かれた例外的なものよりも数で優っているが、結局のところ数量的なものでしかない数千年にわたる断層になってしまうという懸念が、後者にはないのだ。パスカル以来、ピレネー山脈に塞がれた険しい境界をさらに超えて、私たちはもはや語彙集から語彙集へと旅するのみならず、翻訳不能な伝統をもつ諸部族のうちをも旅する。かつて耳にもしなかったような、無数の文明が生命と価値をふたたび取り戻すのである。真に人間的なこれらの学問に携わったおかげで、寛容な、あたらしい知の形に親しみ、私たちはそれらの文明を尊敬することになるのだ。さらに言えばまた、この本がその証であるように、そうした諸文明は私たちの文明を謙虚に見直すきっかけにもなる。第一幕、それは空間的なものであり、私たちが想像する以上にばらばら、かつ近くに、そうした文明があるということだ。さて私たちは、さらに増して決定的な第二幕に居合わせている。というのも、それは持続にまつわるものだからだ。

あらゆる厳密科学（Sciences dures）の圧力によって、私の第二の文化の時間的な限界は、その奇妙な狭さを露呈した。そのいわゆる普遍とは、せいぜい五〇〇〇年しか経ないものだった。ついに自然的なものとなったあたらしい第五の文化は、一五〇億年を数えるものだ。われわれの子供たちがみずからを養っている年代記の深い基盤は、いまやわれわれがついこのあいだまで庭いじりをしていた土地の小ささに困惑するくらい、深まっているのである。そんなわけで、思考がようやくゆったりと一息つける拡がりに到達するために、先の厳密諸科学は、ほとんど一斉に、ある単純な発見に突き当たることになった。それらはどれも、近年になって、年代測定の方法を発見している。――それぞれの研究分野は、その対象を、どの時期に当たるのか精確に測ることができる、規則正しい時間のうちに置くことができるようになったのである。すべては日付をつけられ、みずから日付を刻みすらする。宇宙と世界の諸々の事物、生き物たちや人間は、ともに記憶の場所として存在している。私たちは傲慢からそうした場所が私たちにのみ属し、あるいは私たちだけがそれらを創りだせるのだと思い込んでいたのだ。かくして諸々の事物そのものと、それらの知が生まれ、変化し、あるいは消滅する年代記が展開されることになる。――結果としてゆったりと、またもやばらばらに、私が「大いなる物語」と名づけたものが形成されるわけだ。――あらゆる物語のように、それはどんでん返しで変質し、前進する時は危なっかしくて偶然的(contingent)だが、振り返って語られるとある秩序を持っているのである。[58]

たとえば私たちは、第一のものと結びついた、もう一つ別の単純な発見のおかげで、それについてこんな風に語ることができる。次から次へと、諸科学はいずれも、私たちの周りの事物たちが私たちと同じように、あるいはよりいっそう、文字を記すのだということを発見してきた。――それはときには、読むことさえするのである[59]――したがって、知とは事物たちが、無機物であれ生命あるものであれ、みずからのうちに、それら自身のうえに、即かつ対自的に刻む無数のコードを、それら自身の言語を解読するところにあるものなのだ。かつては、些細な歴史の小さな物語が、諸言語のうちのある小グループで書かれた文献をもとに語られていた。それとは逆に、「大いなる物語」は今日、必ずしも人間のものではない、驚くほど古い、多種多様なアルファベットによってコード化されている。――宇宙論的な光の輻射のうちに、銀河の染み、ブラック・ホール、隕石の落下、岩石の磁気、プレートテクトニクス、断崖の地層、カンブリア紀の石灰岩、ルーシーの腰の化石、分子のプリーツ、種のDNA、といったもののうちに……あらゆるものにおいて、さらには私たちのうちにも、こうした物語が記されている。もはや私たちだけが話したり書いたりするのではなく、世界のあらゆる事物がそれをするのだという、厳密諸科学から私たちのナルチシズムに与えられた一撃を真っ向から受けて、私たちはそれを読むのだ。とつぜん、事物たちはわれわれの家に入ってくる。私たちの古い文化は、文字を持った文化と、文字のない自然を対置していた。――あたらしい文化は、文字のない諸文化と、文字を持った自然を迎え入れるのだ。あらたな合流点である。

　地方独特の、国家の、世界の歴史が、滅びつつある二つの文化の時間的、空間的な骨組みを維持していたように、「大いなる物語」は、膨大な持続のうちの無数の状況の消息を維持している。人々はそこで、奇妙で不条理な世界に対面するのではなく、その発展によって生まれ、それを生きるのだ。古い文化においては、知は物語を排除していた。――現代はというと、物語がもろもろの知を含んでいる。かくして自然の事物たちが、諸文化の家に闖入してくるのだ。もはや一つの棲み家しか、存在しないのである。

学部の諍(いさか)いに平和を。――私たちはもはや、ただ時間のカオス的で偶然な拡大や、諸空間のモザイク的で雑多な連合を祝わねばならないのではなく、大学的には思いもかけなかった、いま述べた科学と文学の婚姻のためにも祝杯をあげねばならないのである。その離別は、われわれの歴史のなかの短い、ばかげた幕間劇に過ぎなかったということになろう。一方で、先の学者たちは、かつて人文学的なものと言われていた技術を獲得した。――読解し、暗号を解読し、日付を記し、物語る、といった風にである。彼らは、文化へのこの参入を、偶然（Hasard）と必然のあらたな混淆によってあがなう。他方で、歴史家たちは記憶というものを変化させることによって、莫大な時間を獲得するが、その変化に投影されるものそれ自体が、彼らの研究対象になるのだ。実際に、碩学たちがギリシャ、アラビアの文字や漢字を、無数の言語を読み、それゆえ無数の知の流儀を読み取るように、科学者たちもまた無数の言語を読み取るのだ。――スペクトル解析の色帯、分子のαやβのプリーツ[60]、単体[61]の算術的な言語、遺伝子の四つの文字[62]……それぞれの研究分野にその言語が、そのローカルなコードがある。かつてや最近までのように、たんなる専門性による言語ではなく、事物それ自体の言語が。

それが生じた世界の諸部分と同じように異なり、変化に富んだこれらの言語は、代わりに途方もなく多様な空、途方もなく複雑な大地、途方もなくさまざまな風景、途方もなく錯綜した肉体を描き出す。多様性が昔の単純なもろもろの図式(シェーマ)になだれ込み、いまやそれは特異性であふれかえっているのだ。文化としての自然を特徴づけるのは、根本的な多様性である。物語（Récit）は、その変化の驚きと思いもかけぬ分岐によってそう名付けられているが、空間と諸言語のうちで繁茂するこれらの多様性は、そうした物語の時間におけるカオス的な偶然性（Contingence）に相当するものだ。かつて厳密諸科学と呼ばれていたものの、あらたな様式がここから生まれてくる。その歩みぶりは、普遍的であるより詳細であり、一様であるより風景のようであり、単純化されるより繁茂し、抽象的であるより個別化され、幾何学者的であるより情報技術者的なものであり、よくも悪くも、いずれにせよ、図書館よりはウェブ上で情報化されるものである……ようするに、それは宣言的（déclarative）であるよりは、手続き的（procédural）なものなのだ。[63] 詳しく物語られた（historié）事実は、絵で飾られた（historié）ウェブ上の私たちの知に通じるものである。[64] われわれの認識的な世代は、集団の単純さよりは個人のばらばらさに傾いており、諸概念よりはもろもろの特異性に傾いている。諸法則の増大よりも、むしろ分岐する物語へとむかう傾向は、ここから来ている。古い四角形――図式、原理、分類、専門家という優れた特例、といったものは、気がつくとあたらしい四辺形――風景、物語、個人たち、ウェブ上で自由になる情報の大洪水のような多様性、によって覆いつくされていたのだ。自然の傍らで、ナチュラリズムの単純さは姿を消すのである。

種の文化

空間についても、時間と同じようにあたらしいこの五番目の文化は、文字通り種の（générique）もの、つまり種族それ自体のものになる。無機物、生命あるもの、人間たちといった、コード化された事物の多様性によって形成されるこの文化は、一方ではケルシーやギュイエンヌ、他方では地中海や西洋に執着していた、以前の諸文化の特殊性を軽蔑することはできないが、ある人々が、傲慢にも有人の世界と呼んでいたものには噴き出さずにいられないだろう。とはいえ偶然で（contingente）雑多なこの文化は、私たちの差異そのものが、時のなかで、一つの共通する物語を構成するために協働するという考えへと導くものだ。――人間たちと、世界の事物たちに共通する物語。――宇宙全体が、事物たちと私たちを含めて、驚きに慄き（おのの）ながら、可能で蓋然的な一つのビッグバンから生じてくる……地球と生命はおそらく、灼熱の付着成長と、惑星たちの冷却によって生まれた……そしてこれが、物語の続きである。――ホモ・エレクトゥスの後で、ホモ・サピエンスはアフリカから出たり、そこに留まったりした……いまや確実であるとされる、こうした筋書きに沿って、おそらくすべては、子供のためのお話のように、実際にみずからを詳しく語るのである。スエズ運河を越えてからおそらく一〇万年、惑星全体に散らばっていった人々もおり、そこではさまざまな気候的な条件があった。もろもろの栄養源や、さらには彼らが状況に応じて発明した多種多様な関係が、われわれがそこに観察する多種多様さに影響を及ぼしている。どうやって観察するというのだろうか？　こうした何千年ものぼんやりした闇を通して、私たちはそれを継ぎはぎに知るに過ぎない。とはいえ、諸文化の傍らで、ナチュラリズムの複雑性の多くは消え去るのである。

　というのも、いまやイヴ・コパン風の古人類学者が[65]、レヴィ＝ストロース風の民族学者の背中を馬跳びしているのだからだ。種の文化はそれらの差異をその偶然な統一性によって一跨ぎにする、共通の物語のうちに浸すのである。先人たちが壁を築いたそこに、この文化は脆くてしなやかな橋を架け始めている。確かに、もろもろの例外のカオス的なモザイクが存在しているだけなのだが、ホモ・サピエンスの放浪の「大いなる物語」[66]は、もろもろの分岐を持った、ざわめく持続のうちにそれらを並べようとしている。旅する人（Viator）、彼は絶えず境界のあちらこちらを通過し、その反作用として、事物と人間たちがともにある、一つの共通した世界を存在させるのだ。――もっとも峻厳な山々や、もっとも大きな海を越えて、彼やその先駆者たちは、つねに峠道を切り開き、海峡を渡ってゆくが、それは何かの状況下で、すでに彼らの曽祖父母によって横断されたものでもあるのだ。それゆえ、私は物語をまた続けよう。エレクトゥスが、次いでサピエンスが、ピレネー山脈の手前から向こうへと渡ってゆく。――スエズ運河の手前からまず出発して、向こうのユーラシア大陸に到達する。――アラフラ海の手前に到達し、サピエンスは漕ぎすすんだ。そして六万年前のこと、向こうのオーストラリアの岸に上陸した。――次に、ベーリング海峡の手前に到達し、大体二万年前に、向こうのアラスカに辿り着いて、ロッキー山脈とアンデス山脈に沿って下っていった。注意して欲しい。――私が語っているのは蓋然的な物語に過ぎず、修正される主題である。注意して欲しい。——筋書きは変化しうるが、しかし物語という形態は残り続けるのだ。この偶然（contingent）の時間が、少なくとも部分的には、その移動によって形成された諸文化の雑多な空間を産み出したのだろうか？　懐疑と入り混じった真実に相当する、この持続、この拡がりが、つまりはまさに紛れもなく、物語というものなのだ。あらゆるモザイクにおけるように、種の輪郭は、莫大なカオス的な時間のなかで、無数の境界によって描かれた古いパズルが、もろもろの部分を分けている境界を飛び越える。「大いなる物語」の時間は、諸文化の多様性にとって、幹細胞の役割を演じているのだろうか？

いったん描かれれば、誰にとっても不変にある、この「大いなる物語」。——私はそこから、一種のあたらしい源泉のように、無数の文学的、芸術的、哲学的なインスピレーションが噴出してくることを疑ってはいない。私たちはそれをどこでも、どんな言語でも理解することができるし、ニューヘブリディーズ諸島[67]からラップランド[68]まで、どの地方語で教えることもできる。あるいは、学者たちの言葉で、ソルボンヌやスタンフォードの階段教室で学ぶこともできるのである。それについては、私はそのプログラムを『白熱するもの』の終わりのページで提示しておいた。その時間的な波のうねりは、空間の縁をなめるように広がり、ブレーズ・パスカルにはおなじみのピレネーの山嶺にまで押し寄せる[69]。——宇宙（Univers）についての物語に源を発し、生命の進化が続き、普遍的な（universelle）言語で受容されるのだ。私はそれによって、単一的な言語のことを言おうとしているのではなく、数知れぬ人々によって聴き取られ、理解されうる、無数の翻訳のことをあらためて言おうとしているのである。――望まれる詳細によってめいめいが、地域の地方語－専門家のジャーゴンという一対のなかで、語ったり、聴いたりする役割を演じることができるのだ。学術的な証明を、難しい論文で事細かに論じ、権威づける人たちもいるが、私はそれを、すでにやったように、小さな子供たちのために、たちどころに漫画で言い表すことができるのである。

あらたな時間に対応する、あらたな空間

私は結局のところ、先ほど語った情報とコミュニケーションの技術が、すでにこの第五の文化において、選別の媒体を与えていることを疑ってはいない。端的にいうなら、三〇〇〇年前に人類の文字によって、第二の文化にとってのそうした媒体が発明され、非相互的な〔マス〕メディアによって、第四の文化にとってのそうした媒体が発明されたようにである。そうした技術が実現する速度は、古代の思考のエコノミーにおいて抽象が可能にしたものにほとんど匹敵する。私たちは確かに、一つの啓蒙の世紀に、その光の世紀に暮らしているが、それに加え、その速度の世紀にも暮らしているのだ。数学のおかげで、円の概念によって、一度に無数の丸いものを思考することが可能になった。――逆にいえば、一度に多数の丸いものの形態を理解するためには、私が宣言的なものと呼んだ、この抽象的な円を、私たちは経由しなくてはならない[70]。いまや、電子工学によって私たちは、具体的なものを絶えず図式（シェーマ）と結びつけるのではなく、もっとゆっくりと個別性を味わうことが可能になったので、文化は私が先ほど描いたような、風景のようで、詳細で、繁茂した、手続き

的なスタイルを採ることになったのである。文化はそれを、やはりコンピュータによって行うのだ。

　コンピュータ技術は他方で、年代確定の技術によって私たちが生きるようになった時間と、同じように新しい空間のうちに、私たちを置くことになる。アドレスの意味を思い起こしてもらいたい。普通のそれ、郵便のアドレスは、デカルト主義的なタイプの住所を参照するものであり、幾何学による測定と同時に、時代遅れの政治によっても価値を見積もられた、距離を参照するものである。――それは国、街、通り、番号を記すものだ。ところで、ポストによっては、もはや驚くべきものは何も、私たちに届かない。あらゆるメッセージは携帯電話やメールから生じるが、そのアドレスは数字や文字によって、ようするに――世界のどんなものもそうであるように――コードによって表されており、そんな風に測定された何らかの空間を、なんら参照していないのである。私たちがずっと住んでいる空間が、かつて泳いだり、足で歩き回ったりした距離が、実際に自転車や飛行機によって縮められたものであるように、アドレスによって距離が縮められたのだと、至るところで繰り返し述べられているが、馬鹿げたことだ。ウェブと携帯電話は、私たちの生活と私たちの諸関係を、昔のものとは何の関わりもない空間へと移したのである。幾何学者たちはこう言うかもしれない。――ネットワークの時代の前には、私たちはユークリッドの、デカルトの、測量の空間、ポルトラン海図と世界地図の空間、陸地または天体としての地球の空間に住んでいたが、今日私たちは距離も測定もないトポロジーの空間を、測量技師の空間ではない、リーマンや色彩派の画家の空間をうろついているのだ、と。

他方で、アドレス（Adresse）という語は、その語源――Rex（王）, Rectus（王、真っすぐな、正しい）――からして、王や法（Droit, 直線）に準拠するものである。――警察や税関吏は、それによって隠れ家にやってきて、犯罪者や納税者を狩り出すのだ。アドレス（Adresse）が、私たちを調教する（dresse）というわけだ。私が描いた変化は、同じ距離（メトリック）の基準のうちでは起こらない（n'eut point *lieu*, 場所を持たない）。少し前なら引っ越さねばならないところで、それは私たちに本当に空間を変えさせるのだから、同じ参照項に対して、あたらしい距離を持っているのである。私たちはトポロジーのうちで跳躍したのだ。直線（Ligne droite）が蛇のとぐろと同型に、球面がフリジア帽と同型になるなら、そのとき法（Droit）はどうなるのだろうか？[71] そんなわけでゆくゆくは、別の警察、別の法解釈、あたらしいタイプの政府によって、政党や代議士の政治体制の古臭さが示されるということになる。生まれつつある文化が、思いもかけぬ政治をもたらすのだ。

参照を実践することは、結局のところ、人が住める政治化された空間だけに関わっているのではなく、他のものたちにも、知にも関わっている。かつてはアクセスのために鑑定書が幅を利かせていた。学者、識者、歴史家……といった者たちは、実験室や、大学や、図書館や、よき書物や、同業者の社会に親しく接することによって、情報源にある選ばれた知識を享受していた。彼らはページや参考文献の下に註をせっせと積み亘ね、勤勉な模倣によって防御の骨組みと鎧をわがものにしていたのである。立派に参照されたよい書物は、よいアドレスを明示する。こうした鑑定書は、大学が死に瀕するのと同時に、いましがた滅びてしまった。古い距離（メトリック）の基準の空間を横切り、昔の識者たちは最短路線の地下鉄に乗り、さらには飛行機に乗って、滅多にない図書館の目録を調べに来ていたものだが、トポロジー的な空間で働く検索エンジンがそれらに取って代わってしまったのだ。私たちがまだ光を受け取っているが、大昔に消滅したことが天体物理学によって証明されている星々のように古臭い、私たちの教育制度は、まだ学生に高い電車に乗って、すし詰めの階段教室に行き、往々にして不十分な知を授かることを義務づけているが、こうした知はウェブ上にふんだんにあり、自宅でただで自由にできるのである。

人類という種に開かれた、種の文化は、人間たちと世界の事物たちの生成に共通する一つの時間を開示し、もう一つの質的な空間へと移動する。その空間に、いまやわれわれは事物たちとともに住んでいるのだが、哲学や政治はそれについて、いまだにその斬新さをあまり理解していない。そのトポロジーはすでに、偶然性（Con-tingence）を、人間化（Hominisation）の持続をもたらしたものとして、採り込んでしまっており[72]、その雑多さは身体と風景を高揚させるのだ。

世界‐内‐存在

実際、それは風景である。それこそが、身体にとって最初にあるものだ。私は時間について語っているのだから、ここではその年代である。戸籍上の身分や人口統計を調べようと思ったら、今日ではほんの一世紀足らず調べるのがせいぜいではないだろうか。とはいえ私は、近年になって得られた精確さで、その持続を年代確定することで、それ以上に予測することにしよう。私たちが話している言語は、この四世紀にわたって知識と芸術を洗練させたが、その祖語が話されていたのは三〇〇〇年前にさえなるのであり、私たちの土踏まずは、先祖たちがアフリカを出て以来、放浪するなかでおそらく強くなったが、それからもう一〇万年になる。私たちの膝蓋骨はというと、茂みが散らばったサバンナにあらたに降りてきたルーシーのよちよち歩きと、われわれの近頃の遠乗り（ランドネ）[73]の、およそ三〇〇万年のあいだに形成されたのである。最近できた私たちの大脳回の下には、爬虫類の脳の層が横たわっているが、この脳は何億年も前を想起させるものだ。私たちの細胞を造っているＤＮＡと分子は、三八億年前、われわれの惑星に生命が出現した時に、みずからを複製し始めたのである。――ところで、それらを構成している原子、窒素と炭素は、銀河の大かまどのなかで冷却されて鍛えられ、もう一〇〇億年以上になるのだ。したがって、私たちの器官を、それを構成しているものへと潜っていくと、肉体を通過してあるクロノメーターのうちに入り込んでいくことになる。その目盛りは細部ごとにぴったり宇宙の諸時期に、私たちの周りの地球の形成や、われわれの環境を放浪している生物たちの進化に照応しているのだ。私たちの身体の過去は、ただ私たちやその近い親たちの誕生を超えているだけではなく、学校で教えられる歴史や、先行する諸文化から生まれた諸文書や言葉の薄っぺらさをもまた超えている。とはいえ、それよりも身近で、また具体的なものもないのである。私たちは、それらの構成要素と存在の年代を知らなかったが、その時間的な層は、物自体のそれと同じように分厚いのだ。ここに見いだされるのは、ついこのあいだまで考えることもできなかった均衡（Proportions）であり、調和（Harmonie）である。私の年齢の年代確定は、私の身体と事物の古さを同時に算定することを可能にする。これらは二つながら忘却されているのであり、とりわけそれらが合同である（congruence, con-gruere, ともに来る）ということが忘れられているのだ。私の年齢はそれらが結びついた後に来るのである。事物は私たちのなかを循環し、私たちの家に住みついているだけではなく、私の身体を作るために私に潜り込んでいる。私の思考が、困難ではあっても、この時間の幅を理解するだけでなく、私の身体は宇宙とともに生まれたこれらの構成要素によって形作られ、ゆっくりと偶然的に、われわれの惑星とともに構成され、生物たちの進化にも寄り添い、そこに根を張り、そこに生きているのだ。ここにあるのは細部が同時的（シンクロニック）な三つの記憶の場所である。私の環境は、私の身体を構成している事物たちによって構成される。――それらは、同じ年代に由来しているのだ。私はここにこそ、あたらしい環世界（Umwelt）を発見する。あるいは、もっと言えばここでは、世界-内-存在のハイフンが物質化されているのである。私はそこで存在が何なのか知らないし、私はそこで世界が何なのか知らないが、私の身体の細部は、その諸関係を辿っている。途方もなく古いがしかしあたらしい、あらたな文化の身体はみずからのうちに、古くて途方もない（formidablement, 巨大な）世界を見出すのである。

ブレーズ・パスカルを訂正しよう。――空間も時間も、肉体を飲み込んでしまうのではない。(74) それらは肉体を探査し、形成するのであり、肉体はそれらを測り、それらを音節で区切る。このような持続を直観することが難しいので、しばしば途方に暮れてしまう私の思考にほとんど勝るくらい、そうしたことをやってのけるのだ。宇宙は私を粉々にする（écraser）のではなく、その細部のあるものたちが私を横断する（traverser）のである。逆に、私の何十年来の春は、これらの同じ客体的な細部に絡みあっており、そうしてそれらを特異化しつつ、主体化している。いわゆる非人間（Hominescent）である古い自然の無数の細部を人間化することによって、この第五の文化はあたらしい人類再生を生じさせるのだ。[75] それは、自然契約を調印するのだろうか？ それどころか、自然契約がおのずと受肉したのが人類再生なのだ。

歴史を書き直す

これらの事物について学ぶことで、私たちは歴史を書き直すよう誘われる。周りの状況によってである。われわれ西洋人は、しばしば当然のこととして、自分たちの探検趣味を誇りに思っている。私たちは奇妙なことに、環境を変えるのが好きなのだ。実際のところかつて、見物のために他の文化からやってきた船がヨーロッパの岸に接岸するのを、私たちが見たことがあったろうか？ 反対に、少なくともその船でもろもろの海や、知られた世界や未知の世界に乗り込んでいったオデュッセウス以来、われわれの先祖たちは絶えず世界地図に大胆な周遊の航跡を描いていった。マルセイユのピテアスは北に、[76] バスコ・ダ・ガマは南に、マルコ・ポーロは東に、クリストファー・コロンブスとジャック・カルティニ[77]は西に向かっているし、アフリカの周囲を巡ったハンノの周遊や、[78] アフリカのサバンナや森林のなかへと、その時代のアラブのツアー・オペレーターの足跡を別々に辿っていったリビングストンとスタンリーの一組も忘れてはならない。[79] 多かれ少なかれ大胆に、これらの探検者たちはそれぞれ、エキゾチックな多くの国々について書き記し、土着民、先住民やアボリジニ、さらには未開人たち、つまりは身体や習俗や宗教が異なる者たちとの出会いについて物語っている。それらのカルチャー・ショックは、つねに暴力抜きでは済まされないものだった。——しばしば正当な恐怖と、あまり納得しがたい憎しみや、軽蔑によって、探検と犯罪は、弁解の余地がないほど混じり合ってしまった。

ようするに、問題は他者性なのだ。——相変わらず、いつだって差異なのである。言葉と意識に、ある疑問がつきまとう。——これらの移動のあいだ、誰に出会ったのか？　女たちと男たち、本当だろうか？　私たちのような、そうあなたは思っているだろうか？　いまや民族学や、倫理や、ポリティカル・コレクトネスが身に染みついた私たちは、本当に遅れていた者に教育をしてやったか、さもなければ寛容を実践したことを誇りに思うようになった。とはいえ、疑問は残り続けていたのだ。さて、初めて私たちは、少なくともぼんやりした答えを持つことになったのである。——同じ日付けを持つDNAを備えた、アメリカ・インディアン、オーストラリアのアボリジニ、エスキモー、フエゴ人[80]、イヌイット、アルマニャック地方の人、ブルゴーニュ地方の人……などは、私の同業者の専門家がおそらくそうであろうと語る筋書きによれば、一〇万年前にアフリカから出た、サピエンスの小集団に出自を持っているのである。われわれの先祖の探検家たち、そして旅人である私たち自身は、したがって環境の時間的、地域的な厳しい条件によって、文化や、身体や、肌の色が違ってしまった遠い親戚と再会しただけなのだ。私たちが兄弟であることを信じるために、もはや道徳や、おごそかに表明された公式の法的文書などは必要ない。いまやそれを私たちは知っているのだ。それによって必然的に、私たちに平和がもたらされるというわけではないだろう、というのも、双子の敵どうしの憎しみが[81]、いたるところで燃え盛っているのだから。だが少なくとも、偶然の遭遇という用語を歴史から消し去って、再会という言葉と置き換えようではないか。やあ、一〇万年ぶりに会うね！　われわれがあまり似ていないのも無理はない！　われわれの共通の先祖について君たちは覚えているかい？　われわれが似ているのも無理はないよ！

　あたらしい時間測定の器械によって、私たちの身体がその世界観を変えたのだとすると、これらの近年の成果はさらに、私たちの人間観や、誤った歴史観を変容させる。われわれは何者なのか？われわれはどこから来たのか？　こうした古くからの哲学の疑問には、昔も少し前も答えがなく、あまりに考証が困難なので、私たちのうちの多くの者が挫折してこれらの問いを掲げるのをやめてしまったくらいだが、いまや解答が見出されたのだ。それは現在の研究状況にまつわるものなので、言うまでもなく暫定的ではあるが、その蓋然性が高まったり減少したりしながらつねに管理される探求のプロセスのうちに位置づけられており、少なくとも物語の形で語ることができる。もともとアフリカに起源を持つ私たちは、おそらく一〇万年にわたってグローバル化を追求している。今日では四つの大陸を放浪し、私たちは兄弟姉妹たちと再会している。――最初の大陸に戻って、私たちが再会するのは母たちや父たちなのだ。

　われわれの歴史は間違っていた。私たちはそれを書き直すのだろうか？　探検家たちは真っすぐ前へと赴いたのではなく、帰還していたのだ。歴史はむろんのこと、民族学にも、年代記的なバック・グラウンドが欠けている。共通の先祖たちは、われわれの出現と地球全体への放浪という「大いなる物語」を通じて姿を現す。移住し、グローバル化するわれわれの種族の人間化（Hominisation）によって、おそらく一つの源、起源（Souche）、揺籃の地から、私たちは至るところに散らばっていった。それがどこに位置しているかについて、ケニアのリフト・バレーのあたりだとか、アフリカ大湖地方のあたりだとか、おそらくチャドのあたりだとか、私たちは激しく論争しているし、まだまだずっと論争することになるだろうが、いずれにせよ中央アフリカの近くである。私たちはそこに一〇〇万年ほど滞在し、それからゆっくりと南は《喜望峰》へ、北はエジプトへと移住してゆき、ついには大陸を脱け出してあらゆる地方に散らばっていったのだ。

　あらたな筋書き——もし私が極圏の近く、イヌイットたちの真ん中やオーストラリアの部族のうちでキャンプするとしたら……いまなら彼らの傍に身を乗りだして、微笑みながらこう告げることができる。——「あなたたちとまたお会いできて嬉しい。六万年か一〇万年のあいだ私たちは離れ離れになっていた。あなたたちはそれを憶えていますか？」と。実際に私は、アリス・スプリングスの近くで、長い夜の宴をあかし、アボリジニたちにこうした物語を語ったものだ。ヨーロッパ人が、自分たちのように彷徨（ランドネ）の神話を語るのをようやく聴いて、彼らは弾けるように笑った。彼らはこう答えた。——「わしらはそれをずっと憶えている。ドリーム・タイムと呼ばれる始まりの時に、不思議な生き物たちが至るところに、もろもろの事物やもろもろの関係を創りだしながら散らばっていったと、わしらは伝えているのだ」と。そしてアフリカでは、こんな風に言おうとして、さらに爆笑されたものだ――「はるかな年月のうちに、私がずいぶん変わったのが分かりますか？」「トゥバブ[82]、わしらのひ孫よ……」と彼らは答えた。私が彼らにあたらしい本を持っていったら、それを見て彼らは微笑むことだろう。

私たちの身体、私たちの意図、私たちの集団をあたらしい空間に置くことによって、種の文化は世界の事物たち、生き物たち、他者たち、私、私の身体の、巨大な記憶を呼び覚ます。私たちは何者なのか？ 進化のばらばらの諸部分であり、その総体である。もろもろの私と、一つの私たちを、この物語は事物たちのただなかに集めるのだ。

献呈の辞

私には分かっている。――あなたたちは科学が好きではないのだ。愛や、死や、政治の問題のただなかにいる私たちが、ビッグバンや、プレートテクトニクスや、ルーシーや、ＤＮＡについて……何ができるというのだろう？ あなたたちの言い分はもっともだ。――あなたたちは、私に真面目な問題に身を入れるように忠告する。文字や、語りや、視覚によるジャーナリズムが扱っている問題、哲学者たちが朝の祈りを捧げるような問題にである。そして大統領選挙だの、あらたに爆破されたバスの跡だのといった、騒々しいスペクタクルに参加するよう勧めるのだ。大法螺のように展開され、そのうえカオス的で蓋然的なものでしかない「大いなる物語」のうちには、私たちを慰めるものは何もないと、あなたたちは主張する。私たちが同じ言語を話していないからお互いに分かり合えないことや、同じ宗教の勤めを果たしていないからお互いに憎みあっていることや、弱者から搾取し、お互いにさまざまに迫害しあっているといったことから、私たちを護ってくれはしないのだと。あなたたちの言い分は分かるし、それももっともだ。とはいえ、私にも弁解させて欲しい。――その喪失が至るところで嘆かれているのを耳にする古い文化は、トロイ戦争の恐怖や、一神教の父であるアブラハムのこぶしのもとで人身御供が禁止されたことに基礎を置いていたが、それでも歴史において日常的にある暴力、ガリア人や、インディアンや、カタリ派や、アボリジニの虐殺、アウシュビッツやヒロシマの虐殺といったものから、かつて私たちを救ってくれたことがあったろうか？

私は知っている。――科学が大義を語るものではないことを。文化だけがそれを告げることができる。ところで、こうした悩ましい問い、悪の問題をめぐって際限なく多様化し、それによって私たちがずっと嘆き悲しんでいる問いに、どうやって答えを見つけたらいいのだろう？　もっとも高度に、集団的な善のすべてを和解させるために努力するには、どうしたらいいのだろう？　文化によって。あなたの言うとおりだ。どんな文化によってか？　以前のものは消えてしまったし、現在のものはスパンコールを散りばめたお仕着せが大いにご自慢だ。私たちはあたらしい文化を発見しなくてはならないのだ。少なくとも、人類を分断することがもっともなく、人類を世界の事物たちの仲間にする文化を。種の文化だろうか？　何はともあれ、これはそのまったくの発端、その空間、その時間、その文化が呼吸する空気といったものである。

ところで政治は、現代版の市民(シトワイアン)がすべて、自然契約から生まれてくることに、いつになったら気づくのだろうか？

つねにソフトな学問で身を固めている政治が、少しばかりハードな学問を組み込んで、こうした種の文化を獲得し、少なくとも五〇年前、最大で数十億年前から私たちが暮らしている世界についてとうとう理解するようになるのは、いつのことなのだろうか？

科学を愛さないとしても、あなたたちは多分、世界の諸事物を愛しているのではないだろうか？年代確定されたその詳細が、私の肉体と同じようにあなたたちの肉体を貫いているのだ。政治や、古い人文科学や、アカデミックな文化は、そのことをほとんど気にも留めていなかった。まるで私たちが、室内や人々のうちで、都市の公的な温室のなかで、闘争の純粋なスペクタクル、スペクタクルの純粋な闘争のまえで自分たちだけで暮らしているかのように、われわれの狂った日々の実践によって、外的で、大量で、単一で、不明瞭なものになった一つの自然に無関心だったのである。こうした冷淡さに、自然はこの数十年のあいだ復讐をしているように見える。また他の何十年かには、もっと致命的な復讐を仕掛けてくるだろう。

ここにあるのは、愛すべき、人類の文化であり、それは逆に世界の事物たちから出発し、そしてそこへと帰還してゆくのだ。私たちとして（comme nous）。自然と文化の婚姻である。

終章　幹

私は夢を見たのだろうか？　西洋のある種の作家、学者、哲学者たちが体現していたのは、羽根で飾られた人々や、森林の狩人と見紛うほど異郷的(エキゾチック)なヴィジョンや宗教であった。彼らが採り続けた態度は、アルルカンの上着の色同然にばらばらだが、それでもそれらを寄せ集め、色を重ねるようにして、ついにはピエロの衣装を白く照らす光を構成することができるだろうか？　この本の序章では、現実的でも潜在的でもあるやり方で、他の細胞の総体（Somme）を――神経や、血液や、骨といったものを――含んでいる幹細胞について語っていた。[1]私は改めて、この総体を哲学に導入することを夢想したいのだ。

総体的（カトリック）な構成

これは、大いに異なってはいるが、この種の足し算を幾らかやってのけた、そうした幹（かん）集合の例である。カトリック宗教という呼称——καθολικόν, Catholon、ギリシャ語で総体性を意味するもの——は私には、この観点からも筋が通っていると思われる。同じことが言える他の儀式や宗教があり得ることを私は疑ってはいないが、私の無知のほうがここでは専門性の保証よりも大事なのだ。

こんな具合である——使徒行録では、聖霊降誕日（ペンテコステ）の事件がまさにアニミストのイマージュのもとに詳しく語られている。それは息吹き（Souffle）の、もっと言えば部屋を一杯にする荒々しい風のイマージュであり、そこにいた使徒たちにその炎が、もろもろの言語を語らせたというのである。[2] パルティア[3]、メディア[4]、メソポタミアの住民たちの言語、ユダヤ、カッパドキア、ポントス[5]とアジア、フリギア[6]とパンフィリア[7]、エジプトとリビア、ユダヤ人や新参者、クレタ人やアラブ人といった移民たちの言語……民族学の論文に見事に収まる一覧だ。アニミズムはさらにある——以前は雌ろばや、幾人かの霊感を受けた稀な預言者たちにしか見えなかった[8]、膨大な数の天使たちが、横断し、飛び、歌い、沈黙のなかに身を隠して、降誕祭（ノエル）の夜のあいだ空を埋め尽くしていたというのだ。

この夜に生まれた、イエスの受肉した位格（ペルソナ）に関して言うなら、人間であり神でもあるというその二重の身体、その二重の性質を、物神崇拝（フェティッシュ）的なものとするのでなかったら、どう言い表せるというのだろう？ 物神崇拝（フェティッシュ）は実際に、一方では二つの生き物が合体したものという姿をしばしばとるが、人の手で刻まれてかつ神性を現わすものという様相も呈する。この物神崇拝（フェティッシュ）（Fétiche）という言葉の語源となったポルトガル語は、作られた、人工のものという意味と、魔法がかかったもの（Fée）のような、魔術的で神聖なものという意味を同時に持っているのだ。作られたもの（Fait）または魔法がかかったもの（Fée）なのだろうか？　おそらく、作られたもの（Fait）かつ魔法がかかったもの（Fée）なのだ！[9]　つまり、ようするに、言葉を話す物体（オブジェクト）ということだ。というのも、この魔法がかかったもの（Fée）という語は、話すという意味のラテン語であるFariに由来しているのだからだ。私たちが今日物神崇拝者（フェティシスト）として行動し、思考していることは、ポストや、電話や、コンピュータといった、言葉を話す人造の対象に囲まれていることからしても明白である。ところで、キリスト教の受肉が、一人の女の腹から生じ、言葉を宿した肉体を意味しているというのは――そして御言葉は肉となりたまい（*Et verbum caro factum est*）――さらに驚くべきことではないか！

それにまた、四つの福音書が、獅子と雄牛と鷲の姿で少なくとも三回、象徴化されたのが伝統的に残っていることについて、何と言ったらいいのだろうか？　そうやって二重化されている福音書の著者たちに、何らその由来があるわけでもないのに、教会を飾っているこれらの動物画をどう扱い、どう考えるべきなのだろうか？　一体どれほどの数の聖女や聖人たちが同じように、動物や植物の傍らで彫刻になっていることだろう？――彼女ら、彼らのトーテムなのだろうか？　カトリシズム以前や以後の一神教が拒んできた、偶像を描くことや聖人の信仰について言うなら、多くの絵画や彫刻が彼らの物語を詳しく語り、大聖堂や田舎の礼拝堂を埋め尽くしているなかに、学識豊かなあらゆる反論に対抗する、異教主義(パガニズム)の古代の神話の、多くの場合野蛮な、焼き直しというかたちでの反復を、誰が見てとらないだろうか？　もっとまずいことに、ある町や、共同体や、信徒団体や、協同組合は、守護聖女やその他護り主の聖人を共有していたのであれば、どうしてふたたび、何らかのトーテムを思い浮かべずにいられるだろうか？

人が隣人を彼自身のように愛さねばならなくなっていらい、そしておのおのが自分自身の魂を救済しなければならなくなっていらい、みずからを見つめる真率な個人を描いた、聖パウロの自伝や聖アウグスティヌスの『告白』いらい……少しずつ、彼らの還元不可能な独自性が、全世界に満ちあふれるようになった。——それはアナロジスト的な文化のもう一つの名前である。そこではおのおのが決定し、みずからに配慮し、サバイバルし、みずからを救済し、自律的で、個性的で、異なっており、自由で……もろもろの特異性は、超越的な諸関係によって架橋されているのだ。聖人たちのコミュニオン……結局のところ、この宗教について、それが厳密な一神教であるのか、それとも本当の多神教なのか、誰が判断できるだろう？　というのもそれは、同時に一であり三である三位一体を教えているのだから。

総体性（Catholon）——私は鳥である、わが翼をみよ。私は二十日鼠である、鼠たち万歳。コンパクトで、総体性でありうるカトリシズムは、宗教史で描写される無数の可能な決定のうちで、判断を下さないもののように私には思われる。それはあちらこちらで、世界全域に散らばった多種多様な人々、——パルティア、メディア、アジアやカッパドキアの住民……によって実践されており、おのおのがそれを自分の言語で語っている。このカトリシズムに、私たちが指針とした分類によって区別される世界観の一つが開示されるような、一群の問いを投げ掛けるとしたら、それはつねにそうだと答えるだろう。そんなわけで、その名前が意味する総体性は、私には改宗する人々の集まりを指すものというよりは、カトリックそれ自身のうちでの、それ自身への改宗を指すものであるように思われる。それはその儀式の伝統の幅広さを言い表しており、すでにそこに流布しているものから、言語の違ういわゆるよその宗教まで、まるで可能なかぎりのあらゆる宗教が、そこには含まれているかのようだ。それらすべてをカトリックは、まるである種の幹（Souche）のように、結びつけて（reliait）いたように思われる。おそらく同じ表現で賛美するにふさわしい別の諸宗教が存在しているのだろうが、この宗教をより知っているので、私はそれについて証言しているのだ。

　時代を経るごとに、さまざまな無数の新たな芽が、そのコンパクトな総体（マス）から、その柔らかな母胎から、そのパン生地[10]から、そのプラズマ[11]から、それらの能力を総和する付加性から、それらの混淆による奇妙な完全性から、つまりはこの幹（Souche）から、萌え出てきた。なんらかの選択が創発する時には、選択肢を汲み上げるための基盤（ベース）、貯蔵所（バンク）がなければならない。この宗教が異端（Hérésies）――これはギリシャ語で、選択を意味する言葉である――という精確な名のもとに非難してきたのは、まさに次のようなものである。つまり選別的で、窮屈で、確定的で、より批判的で、よく定義され、細かく、狭く、細分化された道、より厳密かつ明確で、より論理的で、ようするによりハード（dur）で、より純粋で、あまり付着成長（Accrétions）で膨らむことがなく、しかしまたあまり全域的な人類学をもたらしもしない道への分岐を決断し、はっきりさせること。尖鋭な道や茎といったものは、処女にして母のような柔らかな（douce）幹から、萌え出てくるのである。

カトリック宗教は、ローマン・カトリックとも呼ばれるが、これはその教会の起源が永遠の都に位置しているからというよりは、その定礎から没落に至るまで、ローマが習わしとしていた異教主義（パガニズム）の集積的な性質によるものである。[12] 征服者たち、皇帝たち、百人隊長たち、あるいは傭兵たちは、敵の偶像や神々を持ち帰って、彼らの聖所の、彼ら自身の彫像の傍に置いていた。奇妙でおぞましいものと見なすのではなく、新たな補助剤のようなものが蒐（あつ）まったと考えていたのだ。ここにあるのは、加算的で、付加的で、混淆し、合金化し、排除するよりはむしろ包摂する宗教である。――ようするに、結びつける（relie）のだ。よく言われるのは逆に、この種の異教主義（パガニズム）を理論的にも、人的にも排除するのが、一神教だということである。カトリシズムは確かに、信徒たちに唯一の神だけを崇めるように求めているが、にもかかわらずローマ人は、少なくともその儀式や実践のうちに、唯一の神を包摂しようとし、おそらく幹（Souche）を、この語の古代的かつ現代的な意味で、形作ろうとしたのである。ブリコラージュなのだろうか？　寄せ集めの（bricolés）集まりが、今日では完全な体系と肩を並べ、取って代わろうとしていることを知っているだろうか？　現実が教えてくれるのは、合理的な（rationel）ものよりも、関係的な（relationnel）ものである。[13] 全世界的な付着成長が、同じように、もろもろの宗教のあいだに平和をもたらすことになるのだろうか？

この種の、細部が多岐にわたった申し分のない貯蔵所（バンク）によって、カトリシズムは、内部で対称化されている。——資料、行動の導き、対象（オブジェクト）、多種多様な生き物たち……超越的な神の悟性だろうか？　たった一本の樹幹がその枝々に先立っているように、それはあらゆる判断に先立って、異端の集合を包摂しているのだろうか？　歴史家のエルネスト・ラヴィッスは、それを《聖なる堆積（Fouillis divin）》と呼んでいた。[14]　幹（Souche）、と私は呼ぶ。

諸科学の《総体的な（カトリック）》普遍性

かくして、人はカトリックが少なくとも無自覚に、トーテミズム、アニミズム、アナロジズム……といったものを実践しているのだと考えることができる。だが、別の者たち、汎神論者のアインシュタイン[15]や、唯物論のランジュバン、[16]スピリチュアリストのパストゥールやシュレディンガー、[17]無神論のモノー、[18]あるいはまだ他にも、ユダヤ教徒やプロテスタントや、仏教徒やイスラム教徒……といった人々が、何のトラブルもなく生化学や天文学や、物理学や医学に従事しており、そればかりかそこで発見すらできるのだ。ここにあるのはまさに、他と異なった知の実践と両立しうる一つの幹（Souche）へと収斂する、同じような事例である。そうしたもろもろの実践をこの幹は何ら妨げず、おそらく鼓舞するのだ。ここにはさらに、もろもろの世界観の総体のもう一つのあり得べき展望、全世界的な形而上学の展望が横たわっている。

諸科学は、それらが成し遂げることほどには語らないか、あるいは語る以上のことをやってのける。その普遍的な性格は、おそらくその分析や真理の形式の価値のうちにというよりは――というのも、証明でき、実験されたそうした価値は、時代の流れのなかで、発明や発見が行われるにつれてつねに変わってしまうからだが――、以前からあった態度やヴィジョンが、奇妙にもそれと両立可能であるというところに現れる。――語源的な意味での、カトリックのようにである。そこに一種の幹（Souche）を、誰が認めずにいられるだろうか？

この書物を要約しよう。――ある学問は、ナチュラリズムを前提としているのか？　一〇〇回そうだと言おう――それを証明するのは蛇足というものだ。別のある学問は、トーテミズムを前提としているのか？　ふたたびそうだと言おう。さらに他の学問たちは、アニミズムやアナロジズムを前提としているのだろうか？　一〇〇〇回そうだと言おう。一般化するならば、あらゆる学問が、あらゆる世界観と両立可能であるという結論を導くことができるのではないだろうか？

さらに例を挙げよう。――大陸ヨーロッパでは、ニュートンの引力によって論争が巻き起こったが、それは完全に合理的な反応に根ざすものだった。――実際のところどうやって、アニミズムを信奉することなく、遠く離れて働く引力というものを信じることができるだろう？　動力学的な力の概念の創始者であるライプニッツは、実体の一性（ユニテ）を再導入することに躊躇しなかった。――感覚的なものである彼のモナドは、宇宙に満ちあふれていたのだ。ここにいるのは多産な発明者である。――微積分学、位置解析、確率計算、動力学、二進算術演算、前（プレ）-相対性、計算機、前（プレ）-情報科学……ようするに、とりわけわれわれの現代科学を形作る織物の創始者なのだ。――これらすべては、彼にあっては、デカルト主義のナチュラリズムに、きっぱりと異議を申し立てるイデオロギーからきているのである。《生の飛躍(エラン・ヴィタル)》について語った時、ベルクソンはある種の生気論を言い表したのだろうか？　この数十年のあいだ、現代科学はアニミズムに、それ以上にアナロジズムに舵を切っている。――情報理論は、ハードウェアを操作するソフトウェアによってコード化された、生き物や、無機物や命ある対象(オブジェクト)の記憶を至るところで増殖させている……トーテミストなのだろうか、ふたたびそうである。あらゆる分類に関して――リンネ……、ラヴォアジェ、メンデレーエフ、これらの発明者たちのふるまいは、熊やハゲタカに関係づけて分類するという、インディアンのアルゴンキン族やスー族のふるまいを模倣するものだ。地球が付着成長（Accrétions）によって形成され、進化が私の身体を付着成長によって形作ったように……これら四つの大陸[19]の、一つの付着成長が私には目に見えるようだ。

混合的な形而上学？

ようするに、こうしたヴァリエーションの意味するところは、もろもろの学問に不可欠なのは、イデオロギーのまっさらな不在や、多種多様な見方などではないということにつきている。諸学問は逆に、みずからの周りに、みずからのうちに、両立可能なものとして、雑多な寄せ集め（Aggromélat）を、付着成長を、プディング[20]を、ばらばらな構成物を、私が腐植土、堆肥と呼ぼうとしていたものを、それら諸学問が萌え出る幹（Souche）を、漂わせている。――それらは、いたるところに姿を現わすのだ。不毛だと思われている岩のなかには、黄金の鉱脈が犇めいているのである。私たちは、あらゆる対価を払って発見しよう。[21]そうすれば、総体（Somme）を考えることができるのではないだろうか？

ライプニッツにあっては、彼においてもまた、幹としての神の悟性が、あらゆる可能な要素や、ばらばらなものたちを総和している。——それらを組み合わせることによって、神はもろもろの世界の差異化された無限を創造する、と古典主義時代の哲学者は語っているのだ。『第三の知恵』の序文は、こうしたイメージを、より限られた悟性のために翻訳しようとしたものだ——そこで舞台に上げられていたのは、お馴染みのマントを身に纏った一人のアルルカンである。継ぎはぎで、星を散りばめた、雑多で、まだらで、色が入り混じった……無数の形態と色の部分と断片からなるマント。これらの画素が、無限に増殖していくと仮定すると、その極限において、それらの色調が白い輝きに向かうような、ある総体が生じるだろう……アルルカンはピエロになる。これこそが白い幹である。

彼らの部分的な展望から出発して、あらゆる人、あらゆる文化は一つのアクセスを、学問への一つの扉を見出す。それは、個人的もしくは集団的な特異性を、そのままにして破壊しない。パルティア人、メディア人、アジアやカッパドキアの住民たち……は、おのおのそれを彼らの言語で理解する。——おのおのの方言、おのおのの見方が、学問へのアクセスを開示する。——扉はたった一つしかないが、そこには複数の扉、あらゆる扉が間接的にあるのだ。学問的な討議や論争は、それが学問の歴史を前進させるとしばしば言われるが、学者たちを知の名のもとに対立させたためしがなく、なんらかのイデオロギーの原理主義者たちを喜ばせるだけである。ミチューリン主義のマルクス主義者[22]、決定論的唯物論者、還元主義者、さまざまな創造論者といったものたちの残酷な闘争については、私の短い生涯のうちでも耳にしたし、それらが何の発見にも至らず、しつこい論争好きの連中が激しく争って対立しているだけなのをずっと我慢してきた。それはかつて教会でおおやけに、何らかの神学的な党派の教条主義者たちが、お互いを反駁し合うことに興じていたようなものだが、これもしばしば悲劇にまで至ったのである[23]。そうではなく、相違する諸々のヴィジョンの域内に、一つのコンパクトな幹（Souche）が存在しているのだ。新たな調停主義者を――Pacificus philalethi[24]――こうしたコンパクトな真理を愛する者を、作り上げようではないか。

そんなわけで、幹‐形而上学が存在するとすれば、そのトーテミスト的な構成要素は分類のための諸方法に霊感（インスピレーション）を与えるし、アニミスト的な構成要素は、進化や「大いなる物語」へと駆り立てるし、ナチュラリスト的な構成要素は、主体による対象の認識に必要なものを整えるし、アナロジスト的な構成要素は、とてつもない相違を微細な類似性によって絶えず架橋することになる。この書物の結論は次のようなものだ。――これ以上のものが、私たちに必要だろうか？

フィリップ・デスコラと、仮の動機について言えば、その分類を見れば分かるように、トーテミスト――内面性を信じているところは、アニミスト――あらゆる文化を経巡っているところは、アナロジスト――物理性の普遍を想定しているところは、ナチュラリストである。彼は民族学のうちに、カトリックな幹を育てているのだろうか？　いいや、ただ学問（Science, 科学）を育くんでいるのだ……文学はそれを予見していたのだろうか？

もろもろの文化が干渉縞状をなしている諸大陸は、気がねなく学問を迎え入れる――パルティア人、メディア人、メソポタミア人、ポントスやアジアの人々……異教徒（Gentil）たちを入れて差し上げろ！――それは真理や応用よりも、文化人類学的な《カトリシズム》に由来するものなのだ。それぞれの文化がそれで利益を得る（trouve son compte）としたら、その総計（Compte）がすでにそこにあったからである。この世界の諸大学は、支配者として大司教たちがおり、太った教会参事会員たち、攻撃的な異端者たち、神秘主義的な修道士を信心に凝り固まって迫害する者たちがいる、小教区のように動いている。諸学問の歴史は、宗教の歴史と同じように流れてゆく。――こちらで大袈裟にパラダイムの変化と呼ばれているものは、あちらでは異端とか宗教改革とかいう名前なのだ。

あらゆる混同を避けるために、いま一度明確にしておこう。――もろもろの関係（Relations）があるなら、その理由（Raison）がある。現実（Réel）が合理的な（rationel）ものであるなら、もろもろの関連（Rapports, Ratio）はそれをいっぱいに満たし、それを基礎づけ、それを堅固にしている。ところで、あらゆるものが予測可能なものではない。偶然なもの（Contingent）が存在する。もし現実（Réel）が結びつけられた（relié）、関係的な（relationnel）、宗教的な（religieux）ものであるなら、現実を貫いてあらゆる種類の結びつき（Liaisons, re-ligare）があり得る。より大きく、より曖昧で、あまり支配的でなく、不確定でもある第二の仮定は、より狭く、確定的で、厳密で、有効で、制御された、第一の仮定を含んでいる。三つの王国——合理的なもの、創発したもの、システムは、稀にしかない島々のように見える。——付着成長し、結びついた、無数のブリコラージュたちが、それらを囲んでいるのだ。——カオス的な一つの海が、それらを浸しているのである。

クリスティアーヌ・フレモンは、カトリック宗教（Religion catholique）という表現の文字通りの意味を、結びつき（Liaisons, re-ligare）の全体性（ὅλον, olon）、言い換えればもろもろの関係の普遍（Universel des relations）という風に解釈した[25]。フィリップ・デスコラがふたたび語っているのは、関係的な普遍（Universel relatif）ということである。

よりいっそう自由で、時には諸学問よりも先を進んでいる文学は、しばしば似たような描写に没頭している。例えばバルザックの『知られざる傑作』では、姿を現した形態と色彩のカオスが、一つの足の痕跡、ギリシャ語の ἴχνος, Ichnos を、浮かび上がらせている[26]——これは平面分解図（Ichnographie）、もしくは実測図的（Géométral）な総体であり、実際そこには、あらゆる輪郭やパースペクティヴが万華鏡的に集められており、そしてそれらから離脱しているのだ。例えば、フロベールが誇示する、わずかばかりの豪奢な無秩序——『聖アントワーヌの誘惑』の積み重なった聖なる堆積や、その上でフェリシテが息を引き取った仮祭壇の堆積は、確かに先ほどの意味でのカトリック宗教を意味している。『ブヴァールとペキュシェ』の堆積はといえば、私にはそれが現在の『諸科学の風景』[27]を描いているように見える……あらゆるものが、理想的なこの幹（Souche）を想起させるのだ。
そして私もまた、そうなのだ！『聖アントワーヌの誘惑』の最後で、聖アントワーヌは幹に変じる。
《(錯乱して)——おお、幸いなるかな、幸いなるかな！ 私は生命が生まれるのを見た、運動が始まるのを見たのだ。血液が激しく脈打ち、血管を突き破ってしまいそうだ。私は飛びたい、泳ぎたい、唸りたい、啼きたい、遠吠えしたい。私は翼を、甲羅を、樹皮をもちたい、蒸気となって息吹き、長い鼻をもち、(28)身を捩って、至るところに分散し、あらゆるものに遍在し、香りとともに発散し、植物として成長し、水として流れ、音として響き、光として輝き、あらゆる形態に寄り添い、おのおのの原子に侵入し、物質（マチエール）の奥底まで降りてゆき、——物質になりたいのだ！》
われ思う（コギト）、ゆえに私は一人の聖アントワーヌである。

スタンフォード、二〇〇八年一一月

訳註

序章

（1）　いわゆる世界大戦ではなく、世界と人類の戦争のこと。人類が世界そのものに対して無自覚に及ぼす暴力と、それに対して予想される世界からの巨大なリアクションを指す。本書の前にセールが発表した著作が、Michel Serres, *La Guerre mondiale*, le pommier, 2008.（邦訳『世界戦争』、秋枝茂夫訳、法政大学出版局、二〇一五年）である。

（2）　ホッブズやルソーの社会契約（Contrat social）が、人間と人間の相互暴力の極限状態を想定し、それに対して締結されたとされるように、自然と人間とのあいだの暴力的関係についても和解のための契約が結ばれねばならないとセールは言う。これが自然契約（Contrat naturel）と呼ばれるものである。セールは同名の *Le Contrat naturel*（『自然契約』）という書物を、湾岸戦争当時の九〇年に発表し、同書はフランスでベストセラーになった。

（3）　この「大いなる物語」については、後に本書の第四章で詳しく論じられる。

（4）　Michel Serres, *Hominescence*, Le Pommier, 2001.（邦訳『人類再生』、米山親能訳、法政大学出版局、二〇〇六年）、Michel Serres, *L'incandescent*, Le Pommier, 2003.（邦訳『白熱するもの』、豊田彰訳、法政大学出版局、二〇〇七年）、Michel Serres, *Rameaux*, Le Pommier, 2004.（邦訳『小枝とフォーマット』、内藤雅文訳、法政大学出版局、二〇〇六年）、Michel Serres, *Récits d'Humanisme*, Le Pommier, 2006.（『ユマニスムの物語』）の四部作を指す。

（5）　事物は「私たちと同じように、あるいは私たちより以上に文字を記し、また読みさえする」とセールは語る（第四章）。人類以前からある「事物それ自体の言語」を解読すること、その膨大な情報を事物と人類を含めた総体の「大きな物語」の展開としてとらえることが必要だと言うのである。こうした展望は、実際にはコンピュータの登場をまって初めて可能になるが、裏を返せば今日のＩＴＣの発展によって、すでに部分的に始動しているとも言えるだろう。

（6）　南フランスで語られるロマンス語の一種で、北フランスで語られてきた現在の標準フランス語の系統（オイル語）と一対で語られることが多い。「はい」にあたる言葉がオイル Oïl であるか、オック Oc であるかという相違によって大きく区分したものである。ガスコーニュ地方出身のセールもこうした言語文化の伝統のうちで育っている。

（7）　モンテスキューが匿名で出版した『ペルシャ人からの手紙』は、パリにやってきた二人のペルシャ人紳士が、故郷との往復書簡のうちでフランスの風俗を批判する、という趣向の作品であり、当時大きな反響を呼び、模倣した作品も多く作られた。

（8）　セノグラフィ（Scénographie）、イクノグラフィ（Ichnographie）の対比は、セールのライプニッツ解釈において重要な概念である。もともとは建築の用語であり、セノグラフィはでき上がった建築物のさまざまな投影図であるが、イクノグラフィはそれが「いかに建築されるか」というあり方を示した分解図である。本書の第四章で語られる、《手続き的（Procedural）な》知やモノのリアリティという概念と同様、それは制作・実践ということと深い関わりを持っている。制作することは、制作されたもののさまざまな投影図に先立ち、それを含んでいる。セールの用語法においては、博士論文 *Le Système de Leibniz et ses modèles mathématiques*（『ライプニッツとその数学的なシステム』）から、実測図（Géométral）という語がイクノグラフィと同義で語られることが多いのはそのためである。

（9）　Religion と Relation は、ともに relier（結びつける）という語に由来するものであり、Religion という語には、もともと「結ぶ」という意味が含まれていたという解釈がある。これにはむろん異説もあるが、道具としての紐や関係そのものを可視化することに大きな意味を見出すセールの立場からすると、魅力のある説である。『彫像』など従来の著作においても、彼はしばしばこの仮説を採りあげている。

(10) オーギュスト・コントは『実証哲学講義』で、「神学的、形而上学的、実証的」という三段階に則って人間の精神が発展していくと主張し、諸学問を序列化して最終段階に社会学を置いた。この時の神学的段階のもっとも初期の段階はフェティシズム的な信仰を持つ原始社会に見られるとされたが、晩年になるとフェティシズムと実証主義の親近性に着目するようになり、方針を大きく転換した。

(11) 形而上学において、細胞における幹細胞(Cellule souche)に相当する原基的なもの(幹-形而上学)を見出そうというセールの構想が、本書ではデスコラの方法に触発されつつ実地に模索されていくことになる。

(12) この部分は、第四章「私、モナド、アナロジスト」以降に繰り返し出てくる偶然性(Contingence)という主題に繋がるものである。むろん、ある男と女の息子である作者があるところで暮らしているのは偶然によるものだが、それを必然的ととらえることから物語の解釈が始まる、という軽い揶揄がある。

第一章

(1) ビゾン・ヒュッテ(Bison futé)は、フランスの道路交通情報センターの名称。サイトにアクセスすると、緑、オレンジ、赤、黒で色分けされた地図によって、道路の渋滞状況などがリアルタイムで確認できる。

(2) 原文の Sans autre forme de procès は、直訳すれば《他にいかなる形の訴訟もなく》となる。

(3) 「西欧の人間は科学という狼である」で結ばれる、『分布』「デカルトの寓話」を指すか。

(4) 一八四三年、『両世界評論』に発表されたアルフレッド・ド・ヴィニーの代表的な作品、「狼の死」のこと。死にゆく狼のすがたに亘ねて、みずからの晩年の諦念の境地を描いたもの。

(5) デュドヴァン男爵とサンドが赴いたランド地方は、南仏ガスコーニュ地方に属しており、同じガスコーニュにあるセールの故郷アジャンよりもさらに西南に位置している。

(6) ルヴィエはフランスのウール県の一地方、ラ・ルヴィエールはベルギーのエノー州にある都市、ルピアックはフランスのタルヌ県の村である。

（7）　狼と縁の深いアポロン（アポロン・リュケイオス）の神域に、アリストテレスの学園リュケイオンが作られたことに由来する。

（8）　ボーイスカウト運動の創始者パウエルは、アフリカでの戦争で斥候や追跡の能力を発揮して活躍し、敵方の部族から「眠らない狼」を意味するインペーサという渾名で呼ばれ、畏怖されたとされる。

（9）　ジャングル・ブックに登場する灰色狼で、森の長。岩をみずからの居場所とし、物語では後に忠告役として君臨する。

（10）　プブリウス・オウィディウス・ナソ（紀元前四三―紀元後一七年）。古代ローマの詩人。『恋愛術』、『変身物語』が代表作。『変身物語』は、ギリシャ・ローマ神話の登場人物が動物、植物、鉱物、星座、神などに変身していく物語を集めたもので、後世の文学にも大きな影響を与えた。

（11）　ルキウス・アプレイウス（一二三年頃―?）。帝政ローマ時代の奇譚作家、弁論家、哲学者で『黄金のろば』等の作品で知られる。

（12）　内モンゴルの遊牧民を描いたベストセラー、『神なるオオカミ』によって知られる中国の作家。

（13）　一七九七年に南フランスで発見された野生児。軍医ジャン・イタールによって五年間の教育を受けたが、言語能力を獲得するに至らなかった。

（14）　アヒカル物語、およびアヒカルの言葉は、アッシリアの賢者アヒカルの伝記と、彼の言葉とされるものからなり、特にアヒカルの伝記部分はイソップの伝記にそのまま借用されている。寒さを感じている山羊に豹が近づき、「私の皮のなかで暖めてあげよう」というが、豹は血を啜るためでなければ山羊に挨拶などしないので、山羊がそれを断る、といった物語や、熊が子羊たちのところに行き「お前たちのうちの一匹だけ自分にくれ（それでやめるから）」と交渉し、子羊たちがそれを承諾するといった寓話が語られている。

（15）　Précession 歳差運動とも呼ばれる。自転する物体の回転軸それ自体が、円を描いて揺れること。ラ・ブリュイエールがテオフラストスの展開した主題を軸にしつつ、別の作品を産みだしたことを譬えている。

初期の著作から、しばしば用いる表現である。

(16)『ガルガンチュア物語』で、巨人ガルガンチュアが戦った敵ピクロコールとの戦争のこと。滑稽で意味不明な争いの喩え。

(17) 新旧論争は、一七世紀フランスで起こった文学論争で、古代人と近代人の文芸のいずれが優れているかが、二つの派に分かれて激しく論じられた。

(18) テオフラストスはアリストテレスの弟子の哲学者、博物学者で、分類的、系統的な考察を植物の研究に導入し、「植物学の祖」とも呼ばれる。アリストテレスの死後、リュケイオンの学頭を三五年務め、逍遥学派を発展させた。植物を樹木、低木、亜低木、草の四種類に分類した。

(19) 人間と対象の関係が混じった博物学と、動植物が互いに持つ関係が混じった人間観察が、最初にある。東洋で発達した本草学も前者に類する学問である。これらを完全に分離して考えるためには、ラトゥールが『虚構の近代』で述べたように「純化」という近代独特の思考を待たねばならない。前者は、民俗生物学のような分野で今日でも再注目される動きがある。生物だけでなく、例えば旧日本軍の戦艦とそれらの相違を人間のキャラクター造形に応用する、などといった発想は今日でも普通にみられるのである。

(20) 一八七七年に発表されたフロベールの短編小説集『三つの物語』(*Trois Contes*)に収められた短編。無知だが善良な心を持つ女中フェリシテの生涯と、愛する者たちとの別れを描く。フロベールの幼少時代、彼の家に長年仕えていた女中が主人公フェリシテのモデルになっている。残りの二つの短編が「聖ジュリアン伝」、「エロディアス」である。

(21)『聖アントワーヌの誘惑』(*La Tentation de saint Antoine*)は、一八七四年に発表されたフロベールの小説。三世紀の聖人、テーベの山頂の聖アントワーヌのまえに、ありとあらゆる魑魅魍魎が出現し、さまざまな幻覚を見たあげくに、彼が生命の始原に触れる、という物語。フロベールは構想から三〇年近い歳月をかけてこの作品を完成させるが、あまりに混沌とした内容ゆえに不興を買う。

(22)『ブヴァールとペキュシェ』(*Bouvart et Pécuchet*)は、フロベールの遺作であり、死後一八八一年に刊行された。ふとしたことから金利生活者となった二人組の中年男ブヴァールとペキュシェが、おかしな事業や奇妙な学問につぎつぎと取り組んでは失敗を繰り返す、という物語。作者の死によって未完のまま残された。

(23)『諸世紀の伝説』(*La Légende des siècles*) は、第一集が一八五九年、第二集が一八七七年、第三集が一八八三年に発表された、ヴィクトル・ユゴーの叙事詩集。創世記の時代から一九世紀を経て、最後の審判に至るまでの人類の歴史が壮大な構想のもとに描かれている。

(24) ジュシューと名乗る植物学者は一族で複数存在し、科学アカデミー会員で多くの植物の命名者であるアントワーヌ・ド・ジュシュー、その弟のベルナール・ド・ジュシュー、ジョセフ・ド・ジュシュー、彼らの甥のアントワーヌ・ローラン・ド・ジュシューらがいる。リンネよりも年長であるとするとアントワーヌ・ド・ジュシュー、その弟のベルナール・ド・ジュシューであろうか。

(25) アンドレ＝マリ・アンペール（一七七五―一八三六）。電磁気学の創始者で、磁性と電気の関係を研究し、アンペールの法則を発見した。その関心は多方面におよび、ラボアジエの元素分類法とリンネの植物分類法との類似性に着目し、全化学体系の構築を試みている。

(26) フランソワ・ボワシエ・ドゥ・ソヴァージュ（一七〇六―一七六七）。リンネの友人の植物学者、医者であり、二四〇〇の疾病を一〇の科、二九五属に分類する方法を考案し、一七六三年の著書『疾病分類法』で発表した。

(27) ウラジーミル・ヤコヴレヴィッチ・プロップ（一八九五―一九七〇）。ソビエトの民俗学者で、ロシアの民話の構造の分類を行った。

(28)「タンタンの冒険」シリーズの『かけた耳』に登場する、南米先住民の小部族アランバヤ族の盗まれた偶像のこと。

(29) クリプキの指示の理論を展開してパトナムは、例えばある湖にあるものが「水」であるのは、それを「水」とする言語共同体のメンバーによってそう呼ばれるものとそれ（x）が同じである、ということであり、水の性質や概念について彼らが知っていることとは別である、と主張した。このようにして「水」、H_2O の外延が、言語共同体がそれについて知ることとは独立して確定されるとしたが、生物種一般にこうした確定記述を適用した場合、人為的な分類という側面が払拭されないために疑念を抱かせることになり、多くの議論をまき起こした。
(30) 三世紀ごろに活躍したギリシャの新プラトン学派の哲学者。プロティノスの著作『エンネアデス』を編纂し、論理学者としてもすぐれ、類や種によって概念を樹状に分類した「ポルフィリオスの樹」で知られている。
(31) 『博物誌』第一〇巻、「鳥の性質」。
(32) ダーウィンは、『蘭の受粉』という書物で、マダガスカル固有の蘭であるセスキペダレが、非常に長い距を持っていることから、長い口吻を持った蛾が自然選択されていることを推測した。このためセスキペダレは「ダーウィンの蘭」と呼ばれている。
(33) アーデルベルト・フォン・シャミッソー(一七八一―一八三六)は、フランスの伯爵家に生まれ、革命後ドイツに亡命した作家で、植物学者でもある。植物の新種をもとめてロシアの探検船に乗り込み、ケシ科のカリフォルニア・ポピーを持ち帰った。文人としては、『影をなくした男』が有名。
(34) エメ・ボンプラン(一七七三―一八五八)。フランスの探検家、博物学者、植物学者であり、アレクサンダー・フォン・フンボルト(一七六九―一八五九)とともにメキシコ、コロンビア、オリノコ河、アマゾン河などを五年にわたって調査し、ヨーロッパに持ち帰った。チョイシアは、その色合いからメキシカンオレンジとも呼ばれる可憐な花である。
(35) トゥルヌフォール(一六五六―一七〇八)。花の形を基準にした植物分類法を確立した。また植物を草と木に分けている。『哲学者たちの植物標本』には、苺と桜の花冠は類似しているものの、前者は草であり後者は木であるという風に異なっているので、これらの植物がトゥルヌフォールのシステムの証になっている、という記述がある。
(36) リンネは、クワガタ草に雄蕊が二本あることから、二雄蕊綱(Diandria)という綱に分類したが、クワガタ草を見ればリンネのそうした分類法がいかなるものであったかが分かる、という意。
(37) 『実証哲学講義』の四二講義において、コントは双子葉植物から単子葉植物へ、また無子葉植物への発展を語っている。隠元豆は双子葉植物の典型として、ジャン゠マルク・ドルアンによって挙げられている。

(38) オーギュスタン・ピラミュ・ド・カンドル(一七七八—一八四一)。スイスの植物学者。ゲーテの植物形態論の影響のもとに、「植物のすべての部分には同一性がある」という思想を持っていた。薔薇のような園芸植物は植物学者にとっては長らく「植物の怪物」であったが、こうしたアナロジーの理論の探究者である彼にとっては忌避されるべきものではなかった。ちなみに、息子のアルフォンス・ド・カンドル、孫のカシミール・ピラミュ・ド・カンドル等、カンドル一族も多くの優れた植物学者を輩出している。

(39) ガストン・バシュラール(一八八四—一九六二)はフランスの科学哲学者であり、古代ギリシャでいう四大元素をモティーフにした詩論によっても知られる。高等師範学校ではセールの指導教官であった。彼は直観的な思い込みや夢想は、感覚によって経験される物質と渾然一体のものであり、そこから否定の過程を経て合理的な認識を分離しなければならないとした。彼によれば、労働および厳密な科学と、夢想および詩の軸は「初めから逆になっており、哲学が望みうることはせいぜい両者を相補的にすることだけである」(『火と精神分析』)。一方で、労働の対象となった物質にはそれに固有の夢幻性がともなうとも言う(『大地と休息の夢想』)。モノと認識のこうした分離は、セールにおいてはライプニッツ的な「一と多」という問題系を組み入れながら、相互包摂的、多極的、入れ子的に展開される。拙著『ミシェル・セール 普遍学からアクター・ネットワークまで』(以下『ミシェル・セール』と表記)を参照のこと。

(40) ダンテ『神曲』地獄篇、第三歌に登場する地獄の門に掲げられた銘文、「一切の望みは捨てよ、汝らわれをくぐる者」のもじり。

(41) 『魔女』、篠田浩一郎訳、岩波文庫、一九八三年。第Ⅸ章「サタン医師となる」を参照のこと。

(42) ギリシャ神話に登場するコルキスの王女で、あらゆる魔術に長じ、しばしば毒殺を行ったとされる。アルゴー船の英雄イアソンの妻で、その冒険を成功に導いた。

(43) 茄子科の植物には、たんに食用になるもの(ナス、トマト)から、鎮静作用のある毛蕊花、皮膚病の治療に用いられたが、大量に摂取すると死に至るズルカマラ(あまから草)、さらに毒性の強いベラドンナなどがあり、魔女たちはこれらの薬草を用いて医療行為を行っていたとされる。

（44）　フェリックス・アルシメード・プーシェ（一八〇〇―一八七二）。博物学者で、発酵や腐敗による科学反応から微生物が自然発生することを主張し、パストゥールと激しく論戦した。ここでミシュレが挙げているのは、プーシェの『茄子科、一般植物学』である。

（45）　ここでセールはベラドンナ Belladone のイタリア語表記を記しているが、それは「美しい女性」という意味である。

（46）　これらは、それぞれ『魔女』のⅨ章、Ⅹ章のタイトルである。

（47）　二八歳年下の二度目の妻アテナイスを指す。幼いころ母に疎まれ、教養のある父によって庇護されて育ったが、この父から自然への愛を教わった。歴史家ミシュレが博物誌へと晩年関心を移していった背景には、彼女の影響がある。彼女自身が豊かな文学的才能に恵まれ、『猫』という著作がある。

（48）　ミシュレの博物誌四部作（『海』、『鳥』、『虫』、『山』）に、同時期に発表された『女』を加えたもの。

（49）　コントは晩年、《人類教》という宗教を創始した。彼によれば、真に存在するのは個人ではなく「種としての人類」であり、現在の人類だけでなく多くの過去の人類である。個人はこの「種としての人類」のうちにあるかぎり滅びない。そしてこの「種としての人類」が住まう地球は、「大いなるフェティッシュ」であるという。彼は原始状態におけるフェティシズムの特徴として「死者の崇拝」というものを挙げたが、《人類教》が死者としての「過去の人類」を多く含む人類そのものを崇拝するものであるかぎりにおいて、それはフェティシズムにふたたび接近するのである。本書においてセールがデスコラの分類の他にフェティシズムを重視している背景には、コントのこうした思想がある。また「種」という主題は、セールが本書の第四章で提示している「種の文化」という問題にも影響しているであろう。

（50）　『生命とは何か？』は、量子力学の創始者であるシュレディンガーが、理論物理学者としての立場から生命現象について語った講演をもとに著された書物。生命現象を、生物体が「負のエントロピー（ネゲントロピー）」を環境から得ることによって、平衡状態を免れることであると規定した。生命現象は、物理学と相容れないものではないが、統計的に分析される「秩序から無秩序へ」向かう物理現象とは異なり、「秩序（ネゲントロピー）から秩序（ネゲントロピー）へ」向かうものである。シュレディンガーはこの書物で、古代インドのヴェーダーンタ哲学を例に挙げながら、精神活動（秩序、ネゲントロピー）が本質的には、生物体をまたいで受け継がれている宇宙に唯一のものであることを暗示しており、肉体の数だけ複数の精神があるという考え方を批判している。このような世界像は、典型的にアニミズム的であるが、本書で後にガリレイが語られる際にセールが意識しているのも、こうしたアニミストとしての物理学者であったように思われる。

(51) フランス語の Hôte は、主人という意味と客という意味をともに持っている。

(52) 三世紀の始めごろに成立したインドの寓話集。賢者ヴィシュヌ・シャルマンが愚かな三人の王子に政治、処世、倫理を授けるために編んだとされ、数多くの動物が登場する。

(53) ジョルジュ＝ルイ・ルクレール・ド・ビュフォン（一七〇七―一七八八）。博物学者、数学者、植物学者であり、その著書『一般と個別の博物誌』において犬の起源について考察し、牧羊犬のような「始祖犬」がすべての犬の祖先であると主張した。また狼と犬を同じイヌ科に分類したリンネに対し、両者の違いを強調した。

(54) とんでもないしくじり、失態を指していう。もともとはイタリア・オペラで台詞を間違えることを fare fiasco と呼んだことに由来する。

(55) この寓話の冒頭で、狼は「うっかり道に迷って」森に迷い込んだ番犬と出会う。

(56) Hors（〜の外に）と là（そこに）を合わせた語だが、モーパッサンが一八八七年に発表した短編「ル・オルラ」Le Horla が意識されている。一人で暮らすある中年の男が、目には見えないものの、その活動のあとを部屋に残していく未知の存在に付きまとわれ、追い詰められていくという小説。セールは著作『アトラス』において、Hors と là、外部とそこ（内／外）を自在にまたぐ存在であるこの怪物について言及している。ここでは「家」の外部にいる狼と内部にいる犬が、二項的に区別されつつも、その実近い存在であることが暗示されている。

(57) ラテン語で「家」のこと。家畜化（Domestication）の語源としてラテン語で表記している。

(58) 「喜劇の父」と呼ばれた古代ギリシャの劇作家テレンティウスの『宦官』を、一六五四年にラ・フォンテーヌはフランス語に翻案した。

（59）『宦官』に登場する軍人トラソンの取り巻きで食客。親の財産を食いつぶし、財産家に寄食している。「一流になりたがっているが実際は二流の連中」を狙い、彼らのことを笑ったりその才能を褒めてやったりして、調子を合わせてやるのが商売のコツであると劇中で独白している。

第二章

（1）子供を表わすPédoと、河を表わすpotameを合成してセールが作った言葉。水に馴染み、泳ぎに巧みなものを指す「河童」という日本語のニュアンスと近いので、そのままこのように訳した。

（2）世界－内－存在（êtres au monde）。ハイデガーが人間（Dasein）の置かれている状況を表現して述べたもの。この時、世界も人間との直接・間接的なかかわりのうちで存在しているとされる。

（3）第一章の註（16）を参照のこと。

（4）ここではアニミズムの世界観を前提として、《アニミストとしての動物たち》が持つ異なる文化＝パースペクティヴが問題にされているように思われる。

（5）Intensité、は、ドゥルーズの用語としては強度と訳されるが、例えばサッカーの批評などで「Intensityのあるプレイ」と言えば、ただ激しく強いというだけでなく、そのゲームの状況の文脈を深く読んだプレイのことである。

（6）『寓話』に収められた「寓話の力」という作品を踏まえたもの。ギリシャのアテネが存亡の危機にある時、雄弁家が民衆に演説をするが誰もまともに耳を傾けない。しかし話に寓話を混ぜるとたちまち聴衆が関心を示した。「ロバの皮」のような有名な寓話が語られると、そこに無上の喜びを見いだすのが民衆であり、民衆は子供のように物語で楽しませてやらねばならない、と主張する。

（7）シャルル・ペローの『昔の物語』の副題、「鵞鳥おばさんのお話」を踏まえる。鵞鳥の番をする年老いたお婆さんが、近所の子供たちに聴かせた物語、という設定である。この物語の英訳の副題、*Mother Goose's Tales* が、英国では童話や童謡の伝説的な語り手としてのマザーグースのもととなったとされる。

（8）　セギュール伯爵夫人（一七九九―一八四四）の童話。良き農民の心と明察を兼ね備えた賢いロバ、カディションが数々の冒険を繰り広げる。

（9）　鮫には「貪欲な」、七面鳥には「愚かな女」、孔雀には「虚栄心の強い」等の含意がある。鷹にも、いわゆる「タカ派」等の含みがある。

（10）　もともとはオウィディウス『変身物語』八巻に登場する物語であるが、ラ・フォンテーヌの『寓話』にも登場するほか、多くの詩や小説の題材となっている。

（11）　ジョウゼフ・コンラッドは海洋を舞台にした自伝的小説、*The Mirror of the Sea*（邦訳『海の想い出』、木宮直仁訳、平凡社ライブラリー、一九九五年）の「西と東の支配者」で、激しい西風を「西太平洋の専制君主」と呼び、「人間の命も人間の手で考案されたものも、西風の支配する王国の領域内では西風のものなのだ」と形容している。

（12）　セールはゴヤの「棍棒での決闘」という絵を例に挙げ、『自然契約』という書物を語り起こしている。この絵では二人の男がお互いに相似な身振りで、地盤のゆるい砂の上で棍棒で打ち合っているが、彼らが闘争に熱中すればするほど、その身体は砂に埋もれてゆく。人間同士の闘争に夢中になるあまり、自然という第三者がこの闘争に闖入してくることが彼らにはまったく予期できないのだ。ルソーやホッブズの語る社会契約は、こうした二者間の闘争に本質的に還元される闘争に対する調停案である。自然やモノという第三者をここに含め、それらが競合するなかでいかに倫理を考察するか。セールが提案する「自然契約」は、そのための倫理を模索するものである。

（13）　重いもの（身体）と軽いもの（魂）、ハード（dur）とソフト（douce）の対比は、本書の重要なテーマの一つであり、セールにとっては『パラジット』以来の主題である。より軽い、しなやかなものの勝利がここでは語られるが、両者の関係はそれほど単純ではなく、ハードで重いモノがあってこそソフトなものも複雑になるのであり、どちらか一極に還元されることは避けられねばならない。本書では、デスコラの理論を導入することで、「モノ（ハード）と精神（ソフト）」という極と、「一と多」という極が自覚的に組み合わされることによって、いずれかの極への還元が忌避されている（組み合わされる四つの極のうちの一つとなっている）とともに、デスコラが提示した類型への分類までもが結果的に解体され、いよいよ多極的な混淆状態が明るみに出ることになる。

(14) Άνεμος, Anemos は「風」、ラテン語の Anima は「風、気息、魂」という意味を持つ。

(15) 『寓話』「セミとアリ」を参照のこと。

(16) ヘルメスⅣ『分布』「狼のゲーム」を参照のこと。

(17) 「狼と子羊」では、飢えた狼が河で渇きを癒している子羊に、いきなり「おれの河の水を濁すとは、なんということをするのだ」と語りかける。子羊は、相手を「閣下、陛下」と持ち上げ、狼が自分たちよりもずっと川上に住んでいることを主張して許しを請うが、狼はなおもしつこく、「お前は昨年俺の悪口を言った」と子羊を非難する。子羊はそのころ自分はまだ生まれていない、といって反論するが、「ならばお前の兄弟だ」「お前たちのところの誰か」「お前たちのところの羊飼い、お前たちのところの犬」だと狼は続けて主張し、しまいに子羊を貪り食ってしまう。

(18) このvitalには、生気論(Vitalisme)、に通じるニュアンスがある。どちらがソフトでどちらがハードなのかを、この《訴訟》において両者は争っているわけである。

(19) 狼は子羊の「兄弟」が悪口を言ったという理由で子羊を食べようとし、その「兄弟」の存在が否定されると、子羊の身内、「お前たちのところの羊飼い」、「お前たちのところの犬」が自分に辛くあたったという理由をつけて子羊を食べてしまう。ここでは親族関係の結びつきが強調され、しかもそこで優位に立つとされるものも何度も転倒させられている。この奇妙なやり取りは、家族的な関係を認めさせることで、子羊を貪り食うことを正当化するものだというのである。

軽いものと重いもの、ソフトとハードの対比が、上下の順序という形で再登場していることも注目に値する。上流にあるものには、この順序関係そのものを理解し語ることで、下流にあるものを説得する役割が課されるのだ。『パラジット』などの著作で、セールは「《語ること》によってソフトを体現し、それを食事＝ハードと交換する」寄食者＝食客という存在に着目しているが、アニミストの狩人のこうした振る舞いも多分にそれに通じるものである。このソフトとハードの交換(交差交換)は、セール哲学の重要な概念であり、本書でもそのさまざまなヴァリエーションが提示されることになる。食客と交差交換について、詳しくは拙著『ミシェル・セール』第五章「パラジット」を参照のこと。

(20) ガブリエル・タルド（一八四三―一九〇四）。社会学者、社会心理学者として、デュルケムと並ぶ大家であったが、その死後長らく忘却された。ドゥルーズに再評価され、またブリュノ・ラトゥールがそのネオ・モナドロジー的な方法論をみずからのアクター・ネットワーク論の先駆であるとしたことから、今日ふたたび脚光を浴びつつある。

(21) エミール・デュルケム（一八五八―一九一七）。社会学を経験科学として確立しようとしたが、宗教社会学の分野でも著作が多く、『分類の未開形態』のように、文化人類学の先駆的な業績もある。

(22) マルセル・モース（一八七二―一九五〇）。社会学者、文化人類学者。デュルケムの甥で、コレージュ・ド・フランスの社会学講座を担当した。文化人類学者としては『贈与論』が著名。

(23) セレスタン・ブーグレ（一八七〇―一九四〇）。デュルケム学派の社会学者で、高等師範学校の校長も務めた。『カースト制度試論』等の研究がある。

(24) ジェイムズ・フレーザー（一八五四―一九四一）が半生を費やした大著で、未開社会の神話・呪術・信仰についての膨大な情報を集成したもの。

(25) グリム兄弟（ヤーコプ・グリム、ヴィルヘルム・グリム）は、ドイツの文学者、言語学者、文献学者、民話採集者であり、『グリムの子どもと家庭の童話』、『ドイツ語辞典』、『ドイツ神話学』などの書物で名高い。

(26) フリードリッヒ・シェリング（一七七五―一八五四）。ドイツ観念論の代表的哲学者の一人。神話について関心が深く、また初期ロマン派の文学者であるルートヴィヒ・ティークらとの交流を通じて、民話にも興味を抱いていた。

(27) ウェルギリウスの叙事詩『アエネーイス』において、主人公アエネーイスはシビュラの巫女に導かれ冥府に下る。

(28) レヴィ＝ストロースは、『今日のトーテミズム』で、『宗教と道徳の二源泉』でベルクソンがみずからの哲学を素描した箇所に、「インディアンのスー族の哲学を想起させる」と指摘している。後者によれば、動くものとしての神が、時おり歩みを止めた場所が、太陽や、月や、木々や、動物になったとされる。邦訳『今日のトーテミズム』(仲澤紀男訳、みすず書房、二〇〇〇年、一五九―一六一頁)を参照のこと。

(29) ドルイド教の祭司は、黄金の三日月形の鎌でヤドリギの金枝を切り落とし、オークの神を去勢する儀式を行ったとされる。

(30) 『失われた時を求めて』「スワン家のほうへ」に登場するエピソード。少年時代の主人公は献立を聞きに台所へ降りてゆき、そこで食材のアスパラガスの美しさに陶然とする。「私には、天上を想わせるこの微妙な色合いに、じつに魅力的な女たちが隠れているような気がした」。邦訳『失われた時を求めて1』、吉川一義訳、岩波文庫、二〇一〇年、二六九頁を参照のこと。

(31) 同じ箇所で登場するエピソード。なお、アスパラガスは実際に利尿作用があることで知られている。

(32) アレーナ礼拝堂に描かれたジオットーの『慈愛(カリタス)』は、キリスト教の美徳を擬人化して描いたものだが、どうしたわけか陰険そうな顔つきの籠を持った恰幅のいい女が描かれている。むしったアスパラガスで籠をいっぱいにしていた台所番女中が、この画の女に似ているとスワンは言うのである。

(33) シャノンやブリルアンは、情報を負のエントロピー(ネゲントロピー)と定義した。情報源に存在する不確実さの度合いをエントロピーとすると、情報量を得ることによって不確実さが減少する。すなわち、情報を得るとは負のエントロピーを得ることである。

(34) エピクロスの古代原子論を受け継いだルクレティウスの世界観においては、無数の原子(アトム)は真空中を平行に落下しているが、この時ごく僅かに原子が偏奇運動(クリナメン)を行うことによって、他の原子と接触し、お互いに結びついてさまざまな事物を形成することになる。セールには、ルクレティウスのこうした思想を現代の流体力学の観点から読み解き、再評価したルクレティウス論、『物理学の誕生』Michel Serres, *La Naissance de la physique dans le texte de Lucrèce: Fleuves et Turbulences*, Editions de Minuit, 1977.(邦訳『ルクレティウスのテキストにおける物理学の誕生』、豊田彰訳、法政大学出版局、一九九六年)がある。

(35) アレクサンドル・コジェーヴ（一九〇二―一九六八）。ロシア生まれでフランスで活躍した哲学者。ヘーゲルの講義で知られる。彼が一九六四年に発表した論文 *L'origine Chrétienne de la science moderne.* によると、古代ギリシャ人たちが数学的物理学を生みだせなかったのは、彼らにとって神はあまりにも自分たちから遠く、ウラノスと呼ばれる彼らの世界そのものから遠かったからである。一方、神の唯一性、無からの創造、三位一体等、キリスト教には数々の思想があるが、そのうちの受肉の思想こそが、われわれの住む世界で起こる現象そのものを神の仕業として尊び、観察しようという態度のもとになった、という。

(36) 生物は多様な方法で環境に適応し、さまざまな身体的形質を獲得するが、しかしそうした個々の適応は、生命がさまざまな行動の選択肢を増やし、より自由になっていこうとする傾向そのもの、つまり《生の飛躍（エラン・ヴィタル）》からみれば、いまだ停滞でもある。例えば植物は、生命の原初形態（これをベルクソンは意識一般と呼ぶ）が、こうした停滞のうちで「意識を失った」ものだとベルクソンは言う。また動物はより意識的であるが、人間はモノを道具として用いることにより、さらに意識的に知性を活用していると述べている。

(37) アルルカン（ピエロ）は、継ぎはぎの布で作った色とりどりのマントを羽織ったり、複数の色をパッチワーク的に繋ぎ合わせた衣装を着たりする。セールがしばしば用いる喩えで、本書にも幾度か登場する。

(38) 強磁性の物質がそのキュリー温度よりも高い状態から磁場中で冷却すると、加わった磁場の方向と平行に安定した残留磁化を獲得する。これにより、その物質の古地磁気座標系での位置が分かり、プレートの運動等の状況を確定することができる。

(39) 情報工学者、物理学者のジョン・アーチボルト・ホイーラー（一九一一―二〇〇八）の言葉。すべては情報であり、人間が情報として読み解くかぎりで、存在も宇宙そのものもある、という意味。

(40) フランス革命暦（共和暦）は、葡萄月、霧月、霜月、雪月、雨月、風月、芽月、花月、牧月、収穫月、熱月、実月からなる。また日にちにもザクロや七面鳥といった名前が一つ一つ付けられていた。

(41) 『暴力と聖なるもの』等でルネ・ジラールが展開した、スケープ・ゴート論的な神話解釈によれば、集団は特定のスケープ・ゴートを暴力の犠牲にし、それによって集団内の暴力的な緊張を和らげ、和解する。スケープ・

ゴートは当初集団にとって「忌まわしいもの」であったが、後に集団を和解させ共同体を成立させるものとして聖化されるのだという。セールはジラールのスケープ・ゴート論自体は高く評価しており、さまざまな著書で言及している。

（42）　序章の註（9）を参照のこと。

第三章

（1）　以後、「ばらばらなもの」と訳するのは原語ではDisparateであり、「不調和なもの」「ちぐはぐなもの」といった意味を持っている。

（2）　セールの著作のタイトルや主題がこれ以後列挙される。コミュニケーションは初期の理論的著作のシリーズ、ヘルメスの一巻Hermès I, *La Communication*, Éditions de Minuit, 1969.（邦訳『コミュニケーション』、豊田彰訳、法政大学出版局、一九八五年）のこと。

（3）　ヘルメス二巻Hermès II, *L'Interférence*, Éditions de Minuit, 1972.（邦訳『干渉』、豊田彰訳、法政大学出版局、一九八七年）

（4）　ヘルメス三巻Hermès III, *La Traduction*, Éditions de Minuit, 1974.（邦訳『翻訳』、豊田彰訳、法政大学出版局、一九九〇年）

（5）　ヘルメス五巻Hermès V, *Passage de Nord-Ouest*, Éditions de Minuit, 1980.（邦訳『コミュニケーション』、豊田彰訳、法政大学出版局、一九八五年）『北西航路』のこと。北西航路とは、北アメリカ大陸の北方を通って大西洋と太平洋を結ぶ航路であり、人文科学と自然科学とを架橋するセールの試みの喩えである。

（6）　セールにとって異質なものの架橋は終生のテーマであり、多くの美しい写真に彩られた『橋の芸術　ホモ・ポンティフェクス』（*L'art des Ponts Homo pontifex*, Le Pommier）といった著作もある。

（7）　セールは幾つかの著書で、自分は実詞（つまり実体）についての哲学よりもむしろ、「前置詞（Préposition）の哲学」を作ろうとしている、と語っている。前置詞とはあるモノとモノの特定の関係を表す媒体であり、そうした媒体を複数オペレーターとして主題化し、人文科学と自然科学をまたいだ分析を行うのが彼の方法だというのである。

（8） これらはいずれも、ギリシャ神話のヘルメス神に帰せられる属性である。

（9） セールには、天使をめぐる対話篇という形態を採る『天使伝説』（*La légende des anges*）がある。デモンについての著作はないが、ヘルメスのシリーズではしばしば、エントロピー増大の法則に逆らう思考実験における存在、「マクスウェルの悪魔」について言及している。

（10） Personne は、フランス語で「人間」、「人格」であるとともに「誰でもない」という意味を持っている。セールは初期の著作から、しばしばこの言葉を特定の人格に帰属しない匿名性の主題を語るために用いている。

（11） Pantope（遍在郷）は、U-topie（無有郷、ユートピア）が「どこにも存在しない場所」であることを踏まえ、「遍在する場所」という意味を持たせたセールの造語であり、またその概念の擬人化である。『天使伝説』においては、パントープとピアという兄妹が対話を繰り広げている。

（12） これは新約聖書に登場する、悪魔に憑かれたゲラサの男の話を踏まえたもの。キリストが男にとり憑いた悪魔に名を名乗らせると、「軍団（レギオン）」であると答える。このゲラサの男については、この章の終りでふたたび言及される（「最後の自画像――ゲラサの憑かれた男」）。

（13） 一八三一年に発表されたヴィクトル・ユゴーの詩集『秋の木の葉』に収められた詩、「今世紀は二歳だった！」（Ce siècle avait deux ans）の一節。

（14） 『人間知性新論』四章‐二‐一でライプニッツは、「事実の原初的真理は、意識の直接性のために直接的な、内的経験です。デカルト派やアウグスティヌスの第一真理〈私は考える、ゆえに私はある〉言い換えると〈私は考える事物である〉はここに生じます。しかし、自同的なものが一般的もしくは特殊であり、そのうちにあるものは他と同じように明晰である（AはAである、というのも、ある事物がそれがそうであるものである、というのも同じように明晰なので）のと同様に、事実の第一真理もそうしたものであるということは知っておくべきです。というのも、〈私が考える〉が私にとって直接明晰であるだけでなく、〈私が異なった幾つもの思考を持つ〉、つまりある時は私がAを思考し、またある時はBを思考する、などというのもまったく同じように明晰だからです」と述べている。言葉はさりげないが、ここでライプニッツはコギトを「事実の原初的真理」として認め、〈私は考える事物である〉ことを認めた上で、ある意味で〈私によって考えられるさまざまな事物〉の側にも〈思考〉を帰していると言えよう。

(15) とりわけ『パンタグリュエル物語』は、人文学、医学などの該博な知識を背景にした、無秩序でナンセンスなリストの宝庫である。

(16) ドゥニ・ディドロ（一七一三―一七八四）の小説。主人公ジャックが偶然道で出遭った「主人」と旅をしながら、自分の恋の顛末を語ろうとするが、本題に入ろうとしかけると決まって邪魔が入りその話が遮られてしまう。

(17) 事典類の項目をアルファベット順に配列するということは、一七世紀になってようやく現れ、それまでは内容の分類に沿った事項の階層的な分類が主であった。アルファベットの記号による諸項目の恣意的な配列は、この『百科全書』の影響によって決定的になる。

(18) この章の節「ペシミストな構成者（コンポズイトゥール）」以降の展開を指す。

(19) 二四歳で夭折した詩人ロートレアモン伯爵（一八四六―一八七〇）の詩集『マルドロールの歌』のこと。「解剖台の上での、ミシンと雨傘の偶然の出遭いのように美しい」といった詩句で知られる。

(20) ミシェル・トゥルニエ（一九二四―二〇一六）の小説『魔王』の主人公ティフォージュは、いわれのない少女暴行の嫌疑で拘束されるが、戦争が始まったことをきっかけに釈放され前線に送られる。その後ドイツ軍の捕虜となり、鉄条網に囲まれた東プロイセンのモールホーフの収容所に入れられる。しかし彼はそこでの生活に馴染み、排泄物を肥料にするために集める仕事にも熱心に取り組む。また『メテオール』という小説の主人公の一人アレクサンドルも、ごみ回収の事業を兄から引き継いで以来、「ごみのダンディ」を自称し、人間社会の陰画であり、不可欠な「地下王国」である、ごみや汚物の世界に魅せられている。

(21) ジョルジュ・ペレック（一九三六―一九八二）の小説。パリのとあるアパルトマンを舞台に、さまざまな人物を巡って、さまざまな形式の文学がばらばらの断片として展開されてゆく。

(22) アリアドネの助力によってミノタウロスを殺し、迷宮からも脱したテセウスは彼女を妻とするが、アテナイへの帰路立ち寄ったナクソス島で、悪阻に苦しむアリアドネを置き去りにしたという伝説がある。

(23) ライプニッツが取り組んだ問題のうち、それぞれ「連続体合成の迷宮」と「自由と必然の迷宮」と呼ばれるものを指す。

(24) 実体間紐帯（Vinculum substantiale）とはライプニッツの晩年の思想で、モナドの集合体である物体に実体性を与える概念。デ・ボス宛書簡などで提示された。

(25) 『結合法論』の冒頭に掲げられた図には、それぞれの角に時計回りに左上から乾‐熱‐湿‐冷と書かれており、乾と湿、熱と冷はそれぞれ対角線で結ばれている。四角形の辺で結ばれたものは結合可能なもの、対角線で結ばれたものは結合不可能なものである。そしてそれとずれて重なる形で、火‐風‐水‐土の四角形が描かれており、火は乾と熱のあいだ、風は熱と湿のあいだ、水は湿と冷のあいだ、土は冷と乾のあいだにある。乾‐熱‐湿‐冷は、いわゆる四大元素を実体というよりはものの状態として捉えたアリストテレスの説に拠ったもので、ヨーロッパでは広く受け入れられていた。対称的で、お互いに相容れないものをペアで考え、そのペアを複数化することによって、全体を結びつけようとする思考がここには見られる。こうした考えは錬金術にも大きな影響を及ぼし、薔薇十字団にも受けつがれていた。ライプニッツには二〇歳の時にニュルンベルクで薔薇十字団に入会したという噂があった（フランセス・イェイツ、『薔薇十字の覚醒』、山下知夫訳、工作舎、一九八六年）。

(26) 南メキシコのマヤ人の部族で、四角形をなすものとして世界を捉えており、さまざまな儀礼にもそうした世界像が反映されているとされる。

(27) 西アフリカのマリ共和国西部に住むマンデ族の一部。仮面や彫像、音楽、染織等豊かな芸術文化で知られる。

(28) オーストラリアのノーザンテリトリーにある都市。オーストラリア大陸のほぼ中央にある。

(29) オーストラリア内陸部の人口希薄地帯を指す。

(30) アボリジニは、大地やさまざまな生物たちが生まれた《ドリーム・タイム》の出来事を、伝承、歌、絵画などで伝えている。ドリーム・タイムは、彼らにとって現在も持続しつつあるものであり、人が歩くと足跡が残るように、その痕跡がエネルギーやスピリットとして残されるという。旅や生活のなかでこうした痕跡を辿り、残す行為を彼らはドリーミングと呼んでいる。

（31） Michel Serres, *Les cinq sens. Philosophie des corps mêlés*, Grasset, 1985.（邦訳『五感』、米山親能訳、法政大学出版局、一九九一年）

（32） 『悪の華』に収められた詩、「万物照応」の一節。

（33） 「万物照応」の一節。

（34） この付着成長（Accrétions）という語は、以後本書では用語として頻出することになる。何らかのモノが雪だるま式に隣接するものを結びつける媒体となることを指す。

（35） 「純な心」については、本書第一章「寓話、エッセー、物語（コント）」を参照のこと。

（36） 「聖ジュリアン伝」では、狐、鷺、鳶、烏、禿鷹、猪、鵞鳥、獺、小鴨、獐鹿（のろ）、黄鹿（こうろく）、穴熊、孔雀、黒ツグミ、カケス、鼬、狐、針鼠、山猫、熊、野牛など、ほとんど思いつくかぎりの動物や鳥たちが登場し、狩猟に憑りつかれた若いジュリアンによって次々殺戮されてゆく。

（37） 『ボヴァリー夫人』に続いて書かれたフロベールの幻想的な長編小説。古代カルタゴを舞台とする。カルタゴの将軍ハミルカルの娘で巫女のサランボーは第一次ポエニ戦争の後に起こった傭兵の反乱で奪われた聖布を取り戻すため、単身反乱軍のもとに赴き、彼女に焦がれる傭兵の指導者マトーと通じる。後にマトーはハミルカルによって鎮圧され、儀式の生贄となって殺される。サランボーはその姿を見て悲しみのうちに死ぬ。シチリア島から引き揚げてきた傭兵らを労って催される混乱に満ちた祝宴とともにこの物語は始まる。

（38） ボヌール・デ・ダーム百貨店を舞台にしたエミール・ゾラの「ルーゴン・マッカール叢書」の第一一巻。百貨店の経営考オクターヴ・ムーレは、画期的な手腕で百貨店という業態を生みだしたアリスティッド・ブシコーを意識して描かれている。ブシコーは商品の分類を取り払い、店のなかを気ままに動き回らせることによって、客に思わぬ散財をさせる仕組みを確立したとされる。なお、セールは古くからこの比喩をしばしば用いており、ヘルメスII『干渉』の第一章「理論的な干渉」でも、ブシコーのこのアイデアについて言及している。

（39）第三章の註（7）を参照のこと。
（40）アウグスティヌスは、その『神の国』第一〇巻の第三章で、Religion の語源を「〔神に〕ふたたび結びつける（Re-ligare）」ことであるとしている。
（41）キケロは『神々の本性について』第二巻の二八節で、Religion の語源を〔神々の信仰に関わるすべてを〕「読み直す（Re-ligere）」ことであるとした。アウグスティヌスの解釈が倫理的な色合いを帯びているのに対し、キケロの解釈は知的な敬虔さを重視するものである。
（42）ラテン語で「家畜の群れ」を指す。原インド－ヨーロッパ語の *peku* に由来する。
（43）『ボヴァリー夫人』に登場する滑稽でスノッブな薬剤師。さまざまな学問に関心を抱き、「りんご酒の製造方法について」といった論文を書いたりする。
（44）この語はギリシャ語で絆（Lien）を意味する Desmos と理論を意味する Logie から成っており、「絆、関係の学」という意味をかけたもの。
（45）腐敗や解体というテーマは、セールの哲学において重要なものであり、ヘルメスⅣ『分布』あるいは『パラジット』でも言及されている。腐敗や解体は循環をもたらすものであり、チーズやある種の発酵食品のように、腐敗を取り込むことは人類の文化にとって大きな意味を持ってきたという。ハードとソフトとの対比で言えば、腐敗はよりソフトなのである。拙著『ミシェル・セール』第五章を参照のこと。
（46）これはライプニッツの哲学で充足理由律と呼ばれるものである。
（47）現実が「合理的」であるなら、そこには内包的に「あらゆる関係」がヴァリエーションとして含まれる。これは計算可能なものとしての現実である。しかし、現実を貫いて、あらゆる種類（Ordre, 次元）の結びつきがあり、現実そのものが「関係的」であることもある。これが、偶然的（contingent）なものとしての現実である。この偶然的（con-tingent）という語は、セールの哲学においては「共に（con）接触する（tingent）」という意味を持つが、後者の現実はその意味では、合流点、結節点としての現実と捉えることができるだろう。非－充足理由律的で、偶然なものとしての「現実」という観点は、『有限性の後で』におけるメイヤスーの議論との対比において読む時、非常に興味深い。

(48) 先にライプニッツについてセールが、「彼は、最終的な関係（Lien, 絆）、実体的な絆（実体間紐帯）を思いついてさえも、たえず諸プログラムをリストアップし、諸々の索引や辞書を計画し、かくしてあらゆる事物の増殖が、あらゆる普遍数学を超えてはみだすのにまかせて生涯を終えたのだ」と述べていることを思えば、ライプニッツ自身にもセールがこの種の「ペシミズム」を認めていることは間違いない。

(49) これらの列挙については、本章の「定義」とその註を参照のこと。

(50) 啓蒙＝光というアナロジーと、コンピュータの光速とが掛けられている。

(51) 論理で突きつめて「証明」をするという形式の数学が、古代ギリシャで発展したことを、科学史や数学史で「ギリシャの奇跡」と呼ぶ。

(52) ある集合を、別の集合（または複数の集合）で覆うことを集合論で被覆という。S = U_{i ∈ I} u_i のように記述できる。

(53) 2進数、3進数、4進数……といったように、素数pごとに定義される数の体系のこと。

(54) 『第三の知恵』でセールは次のように述べている。「紀元前五世紀に、ギリシャの名もない賢者たちは、幾何学において間接帰謬法、つまり背理法による証明を発見した。辺が1の四角形の対角線について考えたところ、それが偶数でも奇数でも表わされないことに気がつく。この矛盾によって、第三のものは排除されるべきであった。しかしそうすると、先の対角線は存在しないことになる。ところで、ここにあるのはまさにX字型に覆われた、四角形の中－心（Mi-lieu）であり、矛盾から四角形は中心なしに二つに分かれるとどうしても考えざるを得なくなる。それゆえ対角線は存在するが、言い表しえない。人はそれを、言語を絶するとか、不合理（無理数）とか、他者と呼んだ。いまや、数と図のうちにとつぜん現れた、このような他者のかぎりない多様性――実数の、真に偉大な代数学が生まれたところである」。無理数の危機は、背理法の危機であり、論理的にはAでなければ非Aでもないという、排中律の危機でもあった。しかしこうして見出されたものが、代数学の出発点であり、またこのような「第三のもの」の発見こそが数学のみならずあらゆる知にとって必要なのである。

(55)　『幾何学の起源』「哲学における最初のもの――無知な少年奴隷」において、セールは『メノン』に登場する少年奴隷についてかなり詳細に論じている。セールによれば、少年奴隷が答えを間違えるそのやり方から、彼が古代ピタゴラス学派の整数正方形を用いた計算を知っていたことが分かるという。整数と計算の数学は、メソポタミア文明においてすでに発達していたが、六〇進法を駆使したその計算は今日コンピュータが行っている計算にむしろ近いとも述べている。ギリシャの幾何学の奇跡とは、こうした実践的な計算から抽象の普遍性への移行であった。二〇世紀になり、数学が数学することそのものを問題にし、計算という行為そのものを定義しようとしたことから、チューリングマシンが考案され、アルゴリズムを用いた（ある意味ではかえって愚直な）演算が重視されるようになった。その意味では、古代の実践的な計算技術は、プラトンの時代には軽蔑されたものの、今日では却ってあたらしいとも言えるのである。

(56)　これらは、それぞれ《宣言的な知》(Connaissance déclarative)、《手続き的な知》(Connaissance procédurale)と呼ばれるものに相当する。これらの用語は人工知能や認知心理学の分野で用いられるが、セールもしばしば使っている。宣言的な知とは、最初に明確で普遍的な定義があり、さまざまな結果がそこからヴァリエーションとして導かれるような知のことであり、手続き的な知とは、反復的な実践を通じて実現し、確立される進行形の知のことである。本書の序章の註（8）を参照のこと。

(57)　ブルバキのメンバーで代表的人物でもあるアンドレ・ヴェイユは、数論と代数幾何学の深いつながりを予想した《ヴェイユ予想》によって知られる。またデュメジルは比較宗教学の見地から、初期のローマ史に描かれる社会構造と、古代インドの神話に見られる構造の類似性に着目し、これらの社会が祭司、戦士、生産者からなる三機能イデオロギーを持っていたという説を唱えた。

(58)　ボーアは、特定のエネルギー準位に属する電子が、原子核の周りの軌道上を定常状態で回っているとするボーア模型を考案し、量子論の先駆けとなった。

(59)　Partes extra partes とは、もともとデカルトが延長実体としての物質の定義として述べた表現である。ライプニッツもこの定義を踏まえてしばしば延長について論じているが、彼にとって延長は、あくまでもある主体としての「延長するもの」から抽象されたものであり、こうした主体の何らかの性質、属性、本性が、主体とともに連続的に反復され、あるいは連続的に共存するということを意味する。「私は延長において、一のうちなる多を把握します」（「フォルダー宛書簡」）ともライプニッツは語っている。「一なるもの」としての主体があってはじめて、「多なるもの」としての「相互に外在的な部分」(Partes extra partes)、すなわち延長も成立し得るのであり、こうした意味での包摂的な主体を彼はモナドと呼んだのである。またこの場合、モナドとモナドの関係は、先の延長の定義の裏返しとして、相互に包摂的ということになる。

(60)　ジャック・リュシアン・モノー（一九一〇—一九七六）。フランスの分子生物学者で、フランソワ・ジャコブとともに遺伝子発現の抑制にまつわるオペロン説を提示し、ノーベル生理学・医学賞を一九六六年に受賞した。その著書『偶然と必然』は科学の立場から哲学の問題にも深く踏み込んだもので、大きな反響を巻き起こした。セールとは生前交流があり、発表前の『偶然と必然』の原稿を読んでくれとセールに見せたほどだったという。ヘルメスIII『翻訳』「生命、情報、第二法則」ではモノーについて論じ、「生化学者たち、とりわけモノーが彼らの学問的な活動に内在する《自然哲学》を持っていることに、どの批評も注目していないことに私は当惑する。それは私たちの周囲の文化が、科学に関して、哲学に関していくらか遅れをとり、ずれていることを示している。モノーがしばしば、アカデミックなパンテオンの偉大な名祖(なおや)たち、デカルト、カント、ヘーゲルを参照していることは事実である。——しかし彼の仕事の有効なオペレーターはこの伝統のうちで、この伝統のなかで鍛え上げられた道具ではない。それはほとんど今世紀になって始まったあたらしい道具、ウィーナー、ブリッジマン、シュレディンガー、ブリルアンのもとで見出されるものだ。特にブリルアンは、認識についての現代最高の理論家の一人といっても通用するし、私にはそう見えているのである」と語られている。ブリルアンについては、第二章の註（33）を参照のこと。

(61)　Aliéné は狂人、精神的におかしくなった者、という意味の他に、権利その他を譲り渡した者、という意味を持つ。

(62)　メキシコおよびエルサルバトルにいる先住民のグループで、先コロンブス期にアステカ帝国を築いたアステカ族はその一部である。

(63) マヤ系の先住民で、グアテマラ東部やホンジュラスに五万人ほどの人口を擁している。

(64) 魔女キルケーは、オデュッセウスの部下の船員たちに毒の入った食物を与えて豚に変えてしまう。オデュッセウスだけは、ヘルメス神から与えられた薬草によってこの難を逃れ、そればかりかキルケーとともに一年暮らしたことになっている。

(65) オデュッセウスはトロイア戦争からの帰途、一つ目の巨人キュプロクスたちの島に立ち寄り、なかでも一際巨大な巨人ポリュペイモスによって部下とともに洞窟に捕らえられる。ワインを飲ませてポリュペイモスを酔わせ、その目を潰すことに成功する。名前を聞かれた際にオデュッセウスは「ウーティス」(ギリシャ語で「誰でもない」の意)と答えていたので、ポリュペイモスは仲間のキュクロプスたちに誰にやられたのか聞かれても、「誰でもない」と繰り返すばかりだった。その後オデュッセウス一行は羊の腹の下に隠れて洞窟を脱出する。

(66) 『パンタグリュエル物語』に登場する、パニュルジュが船旅の途中で羊商人に侮辱され、報復するというエピソード。パニュルジュは羊商人から一匹の羊を買い取ることに成功し、この羊を海にいきなり投げ込んでしまう。すると他の羊たちも全部、べえべえ啼きながら海に飛び込み始め、それを止めようとした商人たちともども皆溺れてしまう。

(67) ルカ伝八:三二では、「ところが、そこの山にはおびただしい数の豚の群れが草を食んでいたので」とある。

(68) ユゴーの『東方詩集』(*Les Orientales*)の、「魔人たち」(Les Djinns)の一節。

(69) 『ラモーの甥』(*Le Neveu de Rameau*)の冒頭の言葉。夕方の五時ごろになるとパレ・ロワイヤルの公園に散歩に出かけるのが語り手の「哲学者」の習慣だが、彼はここで政治や恋愛や趣味や哲学について、次から次へと思いを巡らせている。その様子が、フォワの並木路でだらしない若者たちが次々と通りかかる娼婦の後を追い回すのに似ている、と語るのである。

(70) オルフェウスは妻エウリュディケーを失ったあと、女性を遠ざけて見向きもしなかったが、相手にされなかったトラキアの女たちによって八つ裂きにされ、その首はヘブロス河に投げ込まれたという。

第四章

（1）　この節のタイトルは原語では、Objet, chose, réalité となっている。Objet, Chose は、いずれもモノと訳すことが可能だが、本書では以後、それぞれ対象、事物と訳すことにする。

（2）　ニコル・オレーム。一四世紀フランスの哲学者で、数学、天文学、物理学、論理学、哲学等の分野で活躍し、アリストテレスの著作のフランス語訳を行った。貨幣についての研究によっても知られる。

（3）　Objectivité は一般的に「客観性」と訳されることが多いが、今日哲学的な論脈で用いられる場合には明らかに「対象性」と解すべき場合が少なくない。

（4）　対格とは、日本語の「～を」に当たる形に名詞を格変化させ、曲用するものであり、目的格とも呼ばれる。ラテン語の場合、対格（Casus Accusativus, 略号は ACC）は、「訴える、非難する」（accuse, *accūsāre*）という言葉に由来している。

（5）　サタン（シャーターン、שָׂטָן）は、ヘブライ語で「訴える者」という語義を持つ。

（6）　訴訟を表わすラテン語の Causa が Chose の語源であることを踏まえる。

（7）　Res には物、物件、事件といった意味がある。またそもそも Réalité という言葉は、一三世紀のスコラ哲学者ヨハネス・ドゥンス・スコトゥスが、ラテン語の Res から作った Realitas がもとになっている。

（8）　ラシーヌの悲劇『フェードル』第二幕で、テゼーの妻フェードルが義理の息子イポリットに愛を告白する場面の台詞。

（9）　コルネイユの『オラース』で、兄に許婚者を殺させたローマを呪って妹のカミーユが言う台詞。

（10）　バルザックの小説『知られざる傑作』において、画家フレンホーフェルが描いた「美しき諍い女」と呼ばれる絵のことを指すものと思われる。『知られざる傑作』について、セールは『生成』など初期の著作からしばしば語っている。詳しくは、拙著『ミシェル・セール』第一章「生成」を参照のこと。

（11）　ブリュノ・ラトゥールが意識されているのであろう。

(12)　ここで、リアリズム（Réalisme）、現実（Réel）とあるのは、先の現実性（Réalité）という語を受けた表現である。Réalitéについては、Resがその語源であることがほのめかされているに過ぎないが、これらは法廷での係争の事案としてのモノである、という含みがある。『自然契約』等の書物で、セールは自然科学者が自然を扱って論争するプロセスが、こうした法廷闘争に近いものであると主張している。そこではモノ、自然へのアプローチの方向づけそのものが、こうした闘争によって導かれている。

(13)　法廷闘争の事案でしかないモノや自然は、人間という主体から切り離しては考えられない対象であり、メイヤスー風に言えば相関主義的にしか捉えられないものである。これをモノや自然と考えること自体が、いわば定義上矛盾しているのだ。それゆえ、それは無限に遠い地平線に《投影され》るだけである。

(14)　デカルトは『人間論』（*Traité de l'homme*）において、ルイ一四世の居城サン・ジェルマン・アン・レーの庭を飾る等身大の自動人形（オートマトン）について語り、それを人間や動物の身体の機構と比較している。ここで彼は理性を「普遍的な道具」であると述べ、通常の技術はその用途に縛られており、そこが異なっているとしている。また、鸚鵡のような鳥は話すことができるが、「自分が話していることが自分の考えていることである」という自覚がない。デカルトの議論は機械と人間との区別を確立しようとして、動物が機械や道具の側に振り分けられてしまった印象を与える。そもそも、道具が固定的な用途だけに限定されて用いられるものなのか、また、外的対象や環境を抜きにして人間が「自分の考えていること」を明確に自覚できるのかという疑問を呈することも可能であろう。そしてこの二点だけで、人間と非人間の境界はすっかり揺らいでしまうのである。

(15)　人工的に作られた機構が、人間の自然観を方向づけ、自然そのもののあり方に投影される、というこの種の倒錯は、本書の終章ではフェティッシュの問題としても再考される。ブリュノ・ラトゥールは近年、Fait-iches（既成事実のフェティッシュ化）という概念を提示しているが、セールのこうした視点に近いものであると言えよう。

(16)　ミシェル・セールが用いる媒体の概念は大別すると二種類あり、フォーマット（Format）はそのうち異質なものをある等質性の括りのうちで結びつける、普遍的な単位を指す。これと対置されるのはモノや出来事としての媒体であり、本書においてもそれらの二種が語られる。これらはそれぞれ、ソフトとハード、宣言的なものと手続き的なものという二種のリアリティに対応している。

(17) ルネサンス期には、アラビア経由で導入されたギリシャ数学の研究から、器具を用いて透視図法を正確に描く方法がさまざまに工夫された。こうした知識は、大学理数系の教養課程においても図学という形で、ごく最近まで学ばれていた。

(18) ヴェネチアにおいては初期には銀貨が用いられたが、一二八四年になって金貨が発行された。この金貨は同じデザインと品質のまま一七九七年まで五〇〇年以上作られ続け、国際貿易の標準貨幣となっている。

(19) 二つの構成要素、とは二つの歯車といったような意味ではなく、「空間と運動」である。空間と運動を結びつけた機構がローカルに発見され、それがさらに世界規模のグローバルな空間へと投影される、そして世界そのものの機構の説明とされる、という経緯をセールは語っているものと思われる。

(20) 『ラ・サブリエール夫人への麗辞』(*Discours à Madame de la Sablière : sur l'âme des animaux*)。サブリエール夫人は数学や天文学など自然科学の愛好者で、動物解剖実験の場を自邸でもうけるなどしていた。ラ・フォンテーヌのパトロンでもあり、ラ・フォンテーヌは彼女の館の隣に住んでいた。

(21) 『エセー』第二巻、一二章、「レイモン・スボンの弁護」(Apologie de Raimond Sebon) のうちで、モンテーニュは「彼ら(動物)がなす仕事の大部分を見れば、いかに彼らがわれわれよりすぐれているか、いかに彼らの技術をわれわれが模倣できないかは明白である」と述べ、動物が本能しか持たないという考えを批判し、理性や思慮を持ち、技術さえ持っているのが動物であるとした。

(22) マラン・キュロー・ド・ラ・シャンブル(一五九四—一六六九)。医師、生理学者、哲学者。ルイ一四世の侍医でアカデミー会員でもあった。『動物の意識について』という著書がある。

(23) ピエール・ガッサンディ(一五九六—一六五五)は、ニピクロスの唯物論を近代に復活させた物理学者、数学者、哲学者であり、反デカルト主義の代表的知識人でもあった。唯物論の立場から、動物にも「物質的な魂」が存在することを主張した。サブリエール夫人のサロンに集った人々のうちには、ガッサンディ主義者が多かったと言う。

（24）　フランソワ・ベルニエ（一六二〇―一六八八）。ガッサンディの弟子で、医師、旅行家として一〇年以上滞在したインドについての書物を著したことでも知られる。フランスに帰国後、サブリエール夫人をパトロンとして彼女のサロンの常連となり、彼が紹介した『パンチャタントラ』がラ・フォンテーヌに影響を与えたとも言われる。動物‐機械説には反対で、機械原因的に神の思考が動物が持つ観念のうちにも現れるので、動物には魂があると主張した。

（25）　ピエール・ベール（一六四七―一七〇六）。動物が持つ合理的な行動と、人間の行動のうちには本質的な違いはなく、両者ともに死後にその魂が滅ぶか、不死である可能性があるとした。

（26）　シャルル・ボネ（一七二〇―一七九三）。スイスの博物学者、哲学者。生物の発生について研究し、ライプニッツが唱えた胚種先在説（前成説）を支持し、発展させて、機械論的に有機体の形成を説明することは不可能であるとした。

（27）　ダヴィッド・ルノー・ブリエ（一六九九―一七五九）。『動物の魂についての哲学的試論』（*Essai philosophique sur l'ame des betes*）を著した。

（28）　ベルナール・フォントネル（一六五七―一七五七）。コルネイユの甥でデカルト主義的な科学者、哲学者。アカデミー・フランセーズ会員。『世界の多数性についての対話』などで知られる。あるときマルブランシュと連れ立ってあるいていると、マルブランシュが妊娠中の雌犬をいきなり蹴っ飛ばした。フォントネルが動揺を隠せないでいると、「ご存じないのですか？　こいつらは機械なのでなにも感じないんですよ」とマルブランシュが言ったというエピソードがある。フォントネル自身は動物‐機械説には反対の立場だった。

（29）　ジュリアン・オフレ・ド・ラ・メトリ（一七〇九―一七五一）。医師、哲学者、啓蒙期フランスを代表する唯物論者。『人間機械論』において、デカルトの動物‐機械説を批判し、人間もまた機械であるという説を唱えたが、一方で動物については感情が豊かで、受けた恩義を忘れない「人道」を知る存在であると賞賛している。

（30）　シャルル・ベルナール・ルヌーヴィエ（一八一五―一九〇三）。在野の哲学者で、カントに影響を受けつつも独自の体系を築いた。『新単子論』、『道徳の科学』などによって知られる。『道徳の科学』では、動物はたんなる機械仕掛けではなく情動も感受性もあり、人間は彼らに善意を持って接する義務があるとした。
(31) ジャン・アンリ・ファーブル(一八二三―一九一五)。博物学者、昆虫の行動研究によって知られ、『昆虫記』が著名。
(32) セールの編纂によって一九八四年か二〇〇五年まで刊行された『フランス語による哲学的著作の資料体』(*Corpus des Œuvres de Philosophie en Langue française*, Fayard)を指す。
(33) 『フランス語による哲学的著作の資料体』に対応する形で、セールの指導のもと一九八五年から刊行された雑誌(*Corpus, revue de philosophie*)のこと。参考資料や翻訳、歴史的・批評的な数々の論文を含んでいる。
(34) ディドロの唯物論においては、物質は感性を持ち、その内部の分子によって自律的に運動をするとされ、生命と物質の境界線は曖昧である。
(35) ニッケル鋼の一種で、弾性率の温度変化が非常に低く、計器用のばね等に多く使用される合金。
(36) ジャック・ド・ヴォーカンソン(一七〇九―一七八二)。発明家で、驚異的に精巧なオートマトンの製作によって知られた。「消化するアヒル」は、ヴォーカンソンの最高傑作で、羽ばたき、穀物を食べ、排泄物を出してみせた。
(37) グノモンとは日時計の一部で、影を作るための垂直の突起部分を言う。またエウクレイデスは相似の正方形や平行四辺形を作るのに用いる曲尺(かねじゃく)をグノモンと呼んでいる。
(38) 『科学史の基礎資料』(*Eléments d'histoire des sciences*, Bordas)は、ミシェル・セールの指導のもと、ブリュノ・ラトゥール、イザベル・ステンゲルス、ピエール・レヴィらが編纂した科学史の資料体であり、三年余りの準備期間を経て一九八九年に刊行された。
(39) ポジティヴ、実定的という言葉に、セールは例えば前出の「地平線上に遠ざけられた自然とそれに向かっての終わることのない労苦」といったニュアンスを重ねている。晩年のコントは特に、フェティシズムと人類教を融合させる形で考えており、自然を人間の営為から分離する考えからはほど遠い、と言いたいのである。
(40) ハインリヒ・リッケルト(一八六三―一九三六)。新カント派の哲学者。価値哲学を提唱し、自然科学が反復的な一般的法則を捉えようとするのに対し、経済や歴史、芸術などの人文科学は文化価値を個別化しつつ捉えるものであるとした。

(41) ジョセフ・エルネスト・ルナン（一八二三―一八九二）。文筆家、思想家。『学問の未来』の第六章で、ルナンはフランスにはドイツ流の大学がないと嘆いている。

(42) デカルトによる「思惟する実体（精神）」と「延長する実体（物質）」の区別が、ナチュラリズム的な「単一の自然」と「複数の精神」というモデルの源流の一つになっていることを、ここでセールは暗示している。ライプニッツはデカルトの物理学について、モラヌス宛書簡で「彼が私たちに与えてくれた美しい物理学の夢物語は、すぐに忘れられてしまうでしょう」と述べている。

(43) ハシビロガモはRouge（赤い）という名で、実際に赤みを帯びているが、腹白は腹部が白い鳥である。

(44) ベアルンはフランス南西部、スペインとの国境に接した地域であり、ベアルン語はその地域の方言。またペリゴールは現在のドルドーニュ県とほぼ一致するフランスの旧州で、アキテーヌ地域の北部であり、ペリゴール語はその地域の方言である。

(45) ブルターニュの北西にあるペイ・ド・レオンの海岸に流れ込む河。

(46) アルザス・ロレーヌ地方、オー・ラン県にある小村。

(47) オート・ザルプ県にある小村。イタリアとの国境に接している。

(48) シェール県にある町。中世には教会を中心に発展した。

(49) イタリア北西部の州。フランスとの国境に接し、モリーヌ＝アン＝クイラはピエモンテ州にくい込むようにして存在している。

(50) ベリー地方で話される方言。

(51) 『オラース』、第二幕、第三場での、ローマの騎士オラースの台詞。

(52) フランス国立科学研究センター（Centre National de la Recherche Scientifique）のこと。

(53) 騎士道物語への心酔から旅に出るドン・キホーテと作者セルバンテス自身の姿がここでは重ねられ、しかもパンサのロバのうえで、現実とも折り合いをつけていることが暗示されている。

(54) モンテーニュはボルドーの高等法院に勤めていたが、三七歳のとき職を辞し、故郷ラホンタンのみずからの城館に隠棲した。

(55) 『運命論者ジャックとその主人』では、ジャックの乗っている馬がたびたび勝手に走り出して、ジャックを空っぽの絞首台の柱のあいだに連れてゆく。これはジャックが処刑される運命を暗示していると主人は言うが、ジャックは自分が未来においてただ誰かの処刑を見る、という意味かも知れないなどと述べる。

(56) フレデリック・ミストラル(一八三〇―一九一四)。南仏生まれの詩人で、プロヴァンス語の再興に大きく貢献した。ノーベル文学賞を受賞している。

(57) 原語 Ainsi soit-il は、キリスト教の祈りの言葉「かくのごとくあらしめたまえ(アーメン)」の意味。

(58) 本書第二章の「現代の諸科学について」を参照のこと。

(59) 本書の第三章においては、ライプニッツやユゴー、そして《ゲラサの男》とともに、「私のなかで多くの(モノとしての)思考が過ぎ去ってゆく」状態が語られたが、ここではモノの思考が前景化し、モノのうちに複数のモノの思考が偶然的(con-tingent)に合流し、そしてそのなかに人類の思考もあるという状態が語られている。こうした主客の相互入れ子的な状況においては、「一なるもの」と「多なるもの」の関係も同時に、お互いに可換的なものとして考えられており、それらがいわば汎心論的に中性化されている。ナチュラリズムによる人文科学と自然科学の離別を調停するという意図のもとで、デスコラが四類型を組み合わせたやり方が、セール自身の学問にいわば同化される形でここで語り直されているわけである。

(60) タンパク質や核酸などの生体高分子は、らせんやプリーツ(襞)などの立体的な二次構造を持つ。

(61) 金、銀、ダイヤモンドのように、ただ一種類の原子からなる物質のこと。

(62) 遺伝子には塩基であるA(アデニン)、T(チミン)、G(グアニン)、C(シトシン)の四つの物質があり、これらの並び方によってさまざまな形質が表現される。

(63) 序章の註(8)、第三章の註(56)を参照のこと。

(64) Historié は、「聖像などの絵で飾られた」という意味や、古くは「詳しく物語られた」という意味を持つが、「歴史化された」という意味もここでは持っているであろう。

(65) イヴ・コパン(一九三四—)。古人類学者でコレージュ・ド・フランス教授。一九七四年にルーシーの化石を発見したことで知られる。アウストラロピテクスの全身の約四〇%の骨が一度に見つかったことで大きな話題になった。

(66) キリスト教で古くから、人間を神によって作られ、キリストを道とし、神のもとへと還ってゆく旅人になぞらえ、行人(Homo Viator)と呼んだことをふまえたもの。

(67) 南太平洋、バヌアツの主要部分を形成する諸島。

(68) スカンジナヴィア半島の北、伝統的にサーミ人の住む土地である。

(69) パスカルの『パンセ』には、「河一つで仕切られる滑稽な正義よ。ピレネー山脈のこちらでは真理であることが、あちらでは誤謬である」という有名な言葉がある。正義というものが歴史的、地域的な制約を受ける相対的なものでしかないことを述べたもの。

(70) 「宣言的なもの」と「手続き的なもの」のこのような違いは、第三章の「ペシミストな構成者(コンポズイトゥール)」で述べられた「合理的な現実」と「関係的な現実」の違いと言い換えることもできるだろう。ここで重要なのは、抽象的媒体とモノ的な媒体の二種であり、両者の交差交換的な相互包摂である。

(71) 原語の Droit(法)には、「真っすぐ」という意味もある。

(72) 人間化(Hominisation)はセールの用語である。外的なモノやそれと関係するネットワークを利用しながら、人間はみずからの能力を外部に置き換えながら発展させたが、その過程は現在も継続中であり、それを人間化と呼ぶ。例えばデジタル革命もこうした人間化の一つの形態である。

(73) Randonnée は、遠乗りや遠足を指すと同時に、獲物になったウサギがジグザグとランダムな動きをして逃げ回りながら、やがて元の位置に戻ってくることを表わす。セールはしばしばこの言葉を、逸脱を繰り返しながら絶えず同じ主題に戻ってくる、みずからの方法論を表現するのに用いている。

(74)『パンセ』断章一九三においてパスカルは、人間を無限大の宇宙と無限小の事物の世界の中間の世界しか知りえないものであると語る。また有名な「考える葦」の一節に続く断章三四八において、宇宙は私を空間によって一点であるかのように包み込むが、私は思考によって宇宙を包摂すると述べている。

(75) モノと絡みながら人間化(Hominisation)が起こる一方で、非人間(ノン・ヒューマン)としての細部のモノたちはいわば汎心論的に人間化する。これらが相互に均衡するところで、種の文化における人類も復活(hominescent)する。あらゆる人類の復活というテーマはメイヤスーにもあるが、セールにおいてはモノの問題を絡めつつ、このような形で復活が語られる。また、自然と人間のあいだに対等な均衡を打ちたてるという『自然契約』の問題意識が具現化された状態を、セールはそこに見出そうとしている。

(76) 紀元前四世紀、マルセイユがマッシリアと呼ばれるギリシャの植民地だった時代の地理学者。北西ヨーロッパへの冒険航海を行い、グレート・ブリテン諸島を巡り、白夜やオーロラ、ゲルマン人についても記述した。

(77) ジャック・カルティエ(一四九一—一五五七)。フランスのブルターニュ地方出身のブルトン人探検家。北米大陸を三度探検し、プリンス・エドワード島やセントローレンス河口に到達、現在のケベックに上陸した。

(78) 紀元前四五〇年ごろのカルタゴの提督。植民可能な土地を求めて、六〇隻の船団を率いて西アフリカ海岸沿いに南下し、セネガルに到達。カメルーンまで南下したという説もある。その記録は翻訳されギリシャ語で伝わり、プリニウスも言及している。その功績から『航海者』と呼ばれた。

(79) デイヴィッド・リビングストン(一八一三—一八七三)。「暗黒大陸」と呼ばれたアフリカを三度にわたって探検し、現地でマラリアの複合症で亡くなった。スコットランドの探検家、宣教師、医師。ヘンリー・モートン・スタンリー(一八四一—一九〇四)。イギリス、ウェールズのジャーナリスト、探検家。第三次アフリカ探検の途中から消息が途絶え、死亡説が流れていたリビングストンを捜索し発見した。

(80) 南アメリカ大陸南端に位置するティエラ・デル・フエゴ諸島の先住民。極寒の地にいながら敢て衣服を着ず、動物の脂で作ったグリースを体に塗っていた。

(81) 闘争する二者が、お互いに相似の身振りで攻撃しあい、行動を模倣しあっている姿が双子のようである、という表現はセールにおいてしばしば見られるものである。『自然契約』ではこうした状況の寓意としてゴヤの「棍棒での決闘」という絵が例に挙げられている。暴力は、互いの欲望を模倣することによって激化する、という定義はルネ・ジラールの暴力論において見られるものであり、またラカンの鏡像段階論をも容易に想起させる。第二章の註（12）を参照のこと。

（82）　Toubab 西アフリカで白人を指す言葉として用いられるが、西洋文化に順応したアフリカ人にも拡張して用いられることもある語。

終章

（1）　序章「幾つもの声を持つ言語」。

（2）　以下は「使徒言行録」第二章、一節から一三節のエピソードである。

（3）　カスピ海の南東およびイラン高原東北部の地域。パルティア王国が存在した。

（4）　イラン北西部の地域で、アッシリアの崩壊後メディア王国が栄えた。

（5）　小アジア地方の黒海南岸の地域。肥沃な土地と鉱物資源に恵まれ繁栄したポントス王国があった。

（6）　小アジア中西部の地域で、フリギア王国とその人物はギリシャ神話にもたびたび登場する。

（7）　小アジア南部の地中海に面した地方。現在のトルコのアンタルヤ県にあたる。

（8）　旧約聖書の『民数記』に登場するエピソードを踏まえる。モアブ人の王バラクは占い師バラムにイスラエルの民を呪わせようとするが、バラムが雌ろばに乗って王のもとに向かおうとすると、神が遣わした天使がろばには見えたので恐れて道を避け、ついには座り込んでしまい、バラムがどれだけ打っても動こうとしなかった。

（9）　第四章「技術（テクニック）――機械、オートマトン」では、ホイヘンスによる時計の発明やオートマトンを例に、人工物が自然界の原理を説明する条件に逆に投影されるという事態が語られたが、ここではそれが物神崇拝（フェティッシュ）という信仰形態全般に拡張され、さらにそれが「人に受肉した神」という、イエスの二重性と結びつけられている。言葉と肉の二重性、受肉という主題はセールにおいて、しばしばモノ的媒体とフォーマット的媒体の相互包摂（「ハードなもの」と「ソフトなもの」の交差交換）と重ねて語られるが、こうした相互包摂はむしろ特定のモノ的媒体や、特定のフォーマット的媒体への集中を避け、拡散するために重視されている。フェティッシュ自体は特定のモノに人が誘引され、支配される事態であり、キリスト教が偶像崇拝に引き寄せられて考えられるのは奇妙に見えるが、セールはここで同時に、フェティッシュを「特定のモノ」ではない、夥しい多数性に向けて開いてゆく戦略を採っている。いわばフェティッシュそのものによってフェティッシュを超えようとするのである。

(10)　原語はPâteで、広くペースト状の生地を表すが、カトリシズム的な含意を想定して特にこのように訳した。

(11)　プラズマは気体、液体、固体のいずれとも異なる物質の第四の状態と言われる。

(12)　『ローマ　建国の書』(Michel Serres, *Rome. le livre de foundation*,Grasset,1983.) においてセールは、古代の地中海世界にばらまかれた都市群が、白蟻の巣のように集積し始めてできあがったのがローマの文明であると言う。また、「アテネはみずからの外部に身を置き、エルサレムはずっとみずからの外部にいたが、ローマは丸ごとローマのなかにあり、つねにローマの城壁の内部にある。アテネは精神であり、エルサレムは記号であり、ローマは物体（オブジェクト）である」とも述べている。あくまでも真理を明るみに出すギリシャと、自身の内部にどこまでも潜り込み、やがて解明されるのを待っている、微小表象のごとき無数の物体（オブジェクト）に満ちたローマ。セールは古代の諸文明のうち、特にエジプトとローマの文明にこうした「オブジェクト指向」を見出している。

(13)　第三章「ペシミストな構成者（コンポズイトゥール）」、第四章「五　種としての、自然的な人間」における議論を参照のこと。

(14)　エルネスト・ラヴィッス（一八四二—一九二二）は、『フランス史』(*Histoire de France depuis les origines jusqu'à la Révolution*) 第一巻マザランの時代、第三章の註で、カトリック宗教が中世には芸術と想像力に飾られ、民衆に親しまれてきたことを述べた後で、「しかしこの聖なる堆積のうちに、ルネサンスと宗教改革が入り込んできた」と指摘している。

(15)　一九二九年に、「あなたはスピノザの神を信じますか?」と質問されたアインシュタインは、「私はスピノザの汎神論に惹かれるが、彼の近代哲学への貢献にはもっと惹かれる。彼は霊魂と肉体を別々のものとしてではなく扱った最初の哲学者だ」と答えている。

(16) ブラウン運動が原子の存在を明白に証拠づけるものであるとするアインシュタインの理論を受け、ランジュバン方程式を導き出した物理学者のポール・ランジュバン（一八七二—一九四六）は、共産主義者であった。

(17) 孫のルイ・パストゥール・ヴァレリー・ラドの証言によれば、宗教的実践はともなわないものの、パストゥールはスピリチュアリズム的な信仰を終生持っていたという。また、シュレディンガーは若いころからインドのヴェーダーンタ哲学に影響を受けており、特に梵我一如の思想に共感していた。『生命とは何か？』においても、彼のこうした側面がはっきりと表れている。第一章の註（50）を参照のこと。

(18) 『偶然と必然』においてモノーは、「人類はついに、宇宙の無関心な無限のうちにたった一人でいることを知る。人類はそこから、偶然によって生まれてきたのだ」と語っている。

(19) ここでは、デスコラの四類型のこと。

(20) 小麦粉、米、ラード、卵、肉、牛乳、バター、果物などを混ぜて、煮たり蒸したりして固めた料理全般を指していうが、この場合は雑多なものが混淆した状態の比喩である。

(21) 原語は à tout prix で、「どんな対価を払ってでも」（何がなんでも）だが、ここでセールは「あらゆる対価に応じて、多種多様な発見がある」というニュアンスを込めている。

(22) スターリン政権下では、メンデル遺伝学や自然淘汰説がブルジョワ的であるとして排斥され、環境因子が生物の形質の変化をもたらすというルイセンコ学説がマルクス・レーニン主義の立場から支持された。この時ルイセンコが依拠したのが、ロシアの気候に適した多くの品種を作り出した育種家、イヴァン・ミチューリンである。ルイセンコが指導した「ミチューリン主義農法」では、植物を一定期間低温状態にさらすことで開花を促進する「春化」などの操作によって、植物の遺伝子が後天的に変化することが主張されたが、その後はむしろマルクス主義の信頼を失墜させる要因になっていった。セールの高等師範学校時代の同級生の一人は、こうした新農業が茶番であることを知って自殺したという。

(23) スコラ学では、共通のテキストや主題をめぐって交互に反対意見を述べあう討議を行うが、論争や派閥争いから異端宣告、禁固刑等に至る例も少なくなく、アベラールやオッカム、ロジャー・ベーコンなど、その時代を代表する優秀な学者で異端にされたものも数多い。

(24) 連続体の迷宮の問題を扱ったライプニッツの対話編、「パキディウスからフィラレトゥスへ」(*Pacidius Philalethi*) をもじったもので、パキディウスの名前を「平和」を意味する Pacificus に微妙に変えてある。

(25) フレモンはその著作『存在と関係』において、ライプニッツ晩年の実体間紐帯の思想を論じている。セールはこの書物に序文を寄せているが、それによるとライプニッツの哲学において複合物はモナドよりも二義的なものと考えられてきたが、実際には関係のもとにある複合物は数における無理数のようなもので、それが欠けると体系は「大衆のような大きな部分を欠くことになる」。また、実体間紐帯の問題で焦点となっているのは、関係が実体化するということであり、実体変化(Transsubstantiation)——儀式に参加する人々を媒介するパンやワインが、キリストの肉体とみなされる——にまつわるライプニッツの宗教的な思索もまた、そうした思考の表れであることをフレモンからセールは学んだという。

(26) 老いた画家フレンホーフェルは、「美しき諍い女」という絵を描き続けていたが、誰にも見せようとしなかった。有名な画家ポルビュスのアトリエで彼と出会った若い画家プッサンは、恋人のジレットをモデルとして差し出す代わりに、この絵を見る許しを得る。ジレットをモデルにフレンホーフェルは一気に絵を仕上げるが、しかしそこに描かれていたのは、混乱した色彩のなかにある一本の足であった。セールは『生成』などの著作で、しばしばこの物語に触れている。Ichnos はギリシャ語で足、痕跡という意味を持っており、それが具体的な制作のやり方を示す実測図的(Géométral)なものとしての平面分解図(Ichnographie)と結びつけられている。拙著『ミシェル・セール』、第一章「生成」、本書の序章の註(8)を参照のこと。

(27) Michel Serres, *Paysages des Sciences*, Le Pommier,1999.

(28) 直前の部分に、長い鼻を持った海獣などの多種多様な生物の描写があるのを踏まえたもの。

訳者解説

二〇〇九年に発表された『作家、学者、哲学者は世界を旅する』は、数あるミシェル・セールの書物のうちでも、記念碑的な作品の一つであるといえるだろう。さして大著ではないが、これは今日振り返って見ると、二一世紀になってあらたに勃興してきた、モノやノン・ヒューマンを巡るさまざまな思索や、近年の人類学のいわゆる存在論的転回（オントロジカル・ターン）とも深く絡み合う側面を持ち、また諸学問の歴史にまつわる知見の膨大な蓄積を背景にして、彼自身の思想の画期的な新展開が語られたという意味でも、まさに驚くべき仕事なのだ。

まず著者のミシェル・セールについて、少しばかり紹介しておく必要があるだろう。彼は一九三〇年生まれのフランスの哲学者であり、博覧強記の科学史家であり、また文人である。アカデミー・フランセーズの会員でもある彼は、本書でも多く言及のあるライプニッツの研究者として出発し、現代における百科全書派とも呼ばれ、濃密な文体で複雑な思索を織りなす数多くの魅力的なエッセイによって、全世界に知られている。デリダとは同世代にあたり、優れた思想家を幾人も輩出した戦後フランスの知的潮流のただなかにあっても、長らく独自の光芒を放つ特異な存在であった。ようするに、いわゆる現代フランス思想を代表する一人なのだが、驚くべきことに、八〇歳をとうに超えた現在でもまったく現役であり、毎年のようにさまざまな主題の書物を発表し続けている。それればかりか、とりわけ彼の思想的な系譜を継いだブリュノ・ラトゥールが人類学や、グレアム・ハーマンらのオブジェクト指向哲学、新しい唯物論といった最新の思想潮流に決定的な影響を及ぼしていることから、その現代性があらためて認識されるにいたっている。二〇一六年七月になって、アメリカのクリストファー・ワトキンスが『今日のフランス哲学』と題した本を出版し、バディウ、メイヤスー、マラブー、ラトゥールとともに、セールを現代フランス思想の《新世代》として紹介する、といった事件すら、今なお進行しているのである。

以下、なるだけ本文を読了後にご覧いただきたいが、本書の構成と内容について、参考までにいささか素描と解説を試みることにしたい。この書物は直接的には、フランス社会科学高等研究院(EHESS)の研究主任であり、コレージュ・ド・フランスでも教鞭をとる文化人類学者、フィリップ・デスコラの『自然と文化の彼方』(二〇〇五)に触発されて書かれたものである。デスコラは現代において、二〇世紀の人類学の巨星、レヴィ＝ストロースをほぼ後継する位置にいる高名な学者だが、ブラジルの人類学者ヴィヴェイロス・デ・カストロのアニミズム論からも刺激を受けつつ、人類の諸文化をナチュラリズム、アニミズム、トーテミズム、アナロジズムという四つの類型に分類し、自然とこれらの文化の異なる関係を考察した。このとき彼が着目したのは、《一と多》、《主体と対象》という二種類の対概念であり、これらの対概念が多様に組み合わさって、四つの類型がそれぞれ形成されると考えたのである。

このうち《主体と対象》は、《人間と自然》という風にも理解されるが、たとえばアニミズムでは、主体（精神）があらゆる動物の内面に共通するものであると見做されるのに対し、身体（自然）は多種多様であると考えられている。これに対し、西欧に一般的なナチュラリズムの世界観（オントロジー）では、自然は同じ原理や元素に還元される単一のものであるが、精神や人間の諸文化はそれぞれに相対化されるべき多様なものとしてある。トーテミズムやアナロジズムにおいては、人間も自然もどちらも多なのだが、トーテミズムにあっては自然界でさまざまな動植物が結びつく関係が、人間社会の諸成員を解釈するために転用される。他方アナロジズムでは、それら同士の結びつきが、人類のアナロジー的思考によって見いだされてゆくのだという。

ここで重要なのは、この《一と多》、また《主体と対象》の二元性という問題が、そもそもセール自身の哲学にとっても最大の難題であり、ディレンマであったという点である。ライプニッツ哲学とそのモナドロジーから出発したセールにとって、多極性や一性、すなわち《一と多》の問題はもとより本質的であるし、《人間と自然》の関係もまた、科学とそれがおよぼす自然への暴力について生涯にわたって考察し続け、そもそもヒロシマへの原爆投下をきっかけに哲学に転じたという彼にとっては、根本的な主題であった。こうした複数の対概念は、単にばらばらに考察されるべきものではなく、実際にさまざまに組み合わさって、彼の思想の豊かで多岐にわたる展開の背景をなしてきた。果てしなく複雑な構造をもつDNAタンパク質の塩基が四種類しかないように、これらの対概念はごく限られたものだが、彼の哲学の核心をつかみ、解読するためのヒントをさまざまに与えてくれる——デスコラの理論を触媒として、こうしたいわばセールの〝哲学素〟が、鮮やかに洗い出されるところに、本書の驚くべき特色があるのだ。

序章において、セールは自分が育ったヨーロッパの文化そのもの——その科学、その芸術、その社会制度、その天才たちを、デスコラの方法を用いて解釈し直すことを、まず高らかに宣言している。デスコラ自身の解釈では、西欧的な学問や知性はナチュラリズムの類型に属するのであるから、実際にはデスコラの方法を用いつつそれを解体し、四類型そのものをも交錯させようという意図が、いきなり明かされるわけである。デスコラの方法について、それはライプニッツのいう、イクノグラフィ（Ichnographie, 平面分解図）を与えるものだという風にセールは語る。すでに建った建造物をある角度から眺めた投影図ではなく、建造物を作るための図を与えているというのだ。この本でむしろセールは、論じる対象に軸足を置きつつ、それがアニミズム的でも、トーテミズム的でも、アナロジズム的でもある混淆した存在であることを繰り返し指摘している。四類型そのものの組み合わせと、あるいはそうした組み合わせの変化のモメントを抉（えぐ）りだすことが、ここでのセールの方法である。セールは、四類型のうちのどこかに対象を収めるのではなく、それら同士の組み合わせを自在に変化させながら、対象を再び作り直してみせる――ラ・フォンテーヌやフロベール、ガリレイ、オーギュスト・コントの、通常語られるのとはすっかり異なる相貌が、そのようにして次々と描き出されるのである。

このような動的な操作を導入することによって、《一と多》、《主体と対象》という対概念は、デスコラが提示したようにそれぞれ特徴的な類型を形成することもできるし、またなだらかに別の組み合わせを生み出すこともできるようになる。複数の対概念は、いわばニュートラルな状態を経由しながら、こうした変化へとさまざまに導かれるのだ。これは、生物において幹-細胞が、さまざまな組織へと自在に発展することにも似ている、とセールは指摘する。またそこからは、二項だけをそれぞれ考えるとたちどころにディレンマに陥ってしまう哲学上の対概念を、複数組み合わせることによって中性化するという、きわめて重要なアイデアが得られることになる。セールはこの序章で、哲学における幹細胞、すなわち幹-形而上学（Métaphysique souche）が発見されなければならないと語っている。これこそがまさに、本書全体をつらぬく課題なのだ。

第一章「われらがトーテミストの系譜」は手はじめに、フランスの国家の諸制度にごく近年まであり、あるいは現代でも残存しているトーテミズム的な思考の残滓について、軽い筆致でなぞっている。トーテミズムを特徴づけるのは、それが分類のための方法であるという点であり、動植物がそれらと関係づけられるものとの間に持つ関係が、人間社会の解釈その他に転用されるのだが、現代人に馴染みの数値化された基準にもとづく分類以前には、むしろそうした方法こそが当たり前だったのである。セールがここで、植物学者で医者であったボワシエ・ドゥ・ソヴァージュが、植物学の分類からヒントを得て疾病の種類を分類しているとか、アンペールがリンネの植物分類とラボアジェの元素分類法の類似性に着目していたとかいう例を、実にさりげなく暗示しているのも面白い。動植物がお互いに持つ関係が、人間社会だけでなく、自然にまつわる別の学問における分類に影響を与えること――ここにもセールは、一種の拡張されたトーテミズムを見ているのだ。

人間社会の観察を行ったテオフラストスやラ・ブリュイエールのような人々が、植物学や博物学における分類を意識して、さまざまな人間を《種》として分類する構想にいたっている、という指摘もなかなか興味深い。テオフラストスの師アリストテレスも偉大な生物学者であったが、西洋の学問の歴史にはおびただしい博物学者、植物学者、医者などの博識者の群れがつねに存在しており、たとえば哲学や数学、物理学がデカルトによって変革され、旧来の学問の多くが古いものとして切り捨てられても、そうした変化からやや距離を置いたところで、一貫して世界や自然、生物や人間に対する彼らの知識を増殖させ続けているのである。この章じたいが、植物学者たちにまつわる一風変わったエピソードに満ちている。リンネの主著が、『植物学の哲学』であることからも分かるように、これらの学者たちの多くが、自分たちのやっていることは《哲学》である、という意識をもっていた。

もう一つ第一章を特徴づけているのは、文学に対する言及が多いことである。例えばフロベールの『ブヴァールとペキュシェ』などは、おかしな学問に次々とかぶれる、滑稽なプチブルジョワの愚かしさを風刺した作品であると見做されることも少なくないのだが、実にあっけらかんと、その無秩序な知への情熱にセールは共感を寄せている。またラ・フォンテーヌの『寓話』における分類の思想について語りながら、さりげなく古代アッシリアの寓話『アヒカル物語』についても言及しているが、この物語まで遡ると、そこに登場する動物たちはトーテミズムというよりは、まさにアニミストのインディオそのままなのである――もっとも、そうしたことまで確認するためには、読者がさらにみずから調べなければならない――セールのテキストは、際限のない発見にむかって開かれているのだ。

ミシュレやプーシェについての言及は、本書の全体に通底する生気論（Vitalisme）的な西洋の学問の系譜に対する、セールの密かな共感とも深いつながりを持っている。この生気論がどのようなものであるかについては、第二章以降しだいに明確になっていくのだが、ベルクソンのある種の側面、『生命とは何か?』におけるシュレディンガー、そして後者を介して現代の情報の理論までが、やがてこの系譜のうちに再び見出されてゆくことになる。

第二章「魂に皆のために、衣服はおのおののために」は、アニミズムという切り口から西洋文化の根底に斬り込んだ章である。のっけから、セール自身の幼少時代の甘美な追憶、田園文学の世界が描き出され、自分たちが遠い昔の南仏へ、ガロンヌ河の畔へと引き戻されることに、読者は驚くかも知れない。南仏の農民たちの内なるアニミズムが、そこではこんな風に綴られている。

私たちは少なくとも漠然と、自分たちが無限の、身に迫るような、錯綜した、巨きな何ものかのなかに浸っていることを識(し)っていた。それがどういう名前なのかは分からなかったが、しかしそれはぎざぎざになった雲縁や、雄鶏の夜の叫び、草のなかで風がうなる声と関わりのあるものであった。――この蠢き、めぐる環境に支配され、その偶然のうちに投げ出されていることを識(し)っていたのだ。

世界と生き物たちと、自分たちのうちにある、この流動的で同一な魂。アニミズムはもろもろの身体（Corps）についてはは多様性を認めるが、それらは章のタイトルにもある通り、魂が纏うさまざまな衣装であるに過ぎない。したがってアニミズムはそれ自体、変身(メタモルフォーズ)という主題とも切り離しえないとセールは主張する。ここでセールが、ラ・フォンテーヌの「狼と犬」を、異なる身体＝衣装を身に着けた、同じ魂のあいだで交わされる対話として読んでいるのも興味深い。家畜化（Domestication）、寄食（Parasite）といった、セール哲学の古くからのテーマが、ここでもあらたな切り口のもとで再論されている。

プルーストについて言及した、「ドルイドの司祭プルースト――失われた時のもう一つの日付」も殊のほか美しい。プルーストが求めた「失われた時」とは、たんに作者の幼年時代のことではないとセールは述べる。死者たちの魂が、《何か下位のもの、動物や、植物や、動かざるもののなかに囚われていると考える、ケルト人の信仰をしごくもっともだと思う》というプルーストの有名な一節を引きながら、ここではアニミズムを経由してモノの魂について、あるいはモノに捉われるフェティシズムについて語られている。同じところをぐるぐる回っているヴィヴォンヌ河の睡蓮が、レオニ叔母の反復強迫的な食事療法や、同じ責め苦を受け続けるダンテの『地獄篇』の青白い亡霊たちを想起させるというとき、プルーストはもはや彼自身の過去よりもはるかに昔の、古代的な過去を想起しようとしている。そしてその想起は、モノを媒体として行われるというのである。また、そうした想起が、他者によって行われうるとするところに、セールの独特の読みがある。「同一の魂」が、さまざまな身体やモノに宿るというアニミズムの思想は、ここではモノとそれを契機とする想起の問題として捉え直されているのである。

またここでセールが、ベルクソンについて言及しているのも示唆的である。『道徳と宗教の二源泉』（以下『二源泉』と記述）では、植物や下等な生物が、《生命の飛躍（エラン・ヴィタル）》へと向かう以前のより物質的な状態に停滞した、「意識を失った」存在であると述べられているが、こうした思考そのものが、セールがプルーストに見いだすものと非常に類似していると言えるだろう。そもそもレヴィ＝

ストロースは『今日のトーテミズム』において、ベルクソンの『二源泉』の当該記述が、インディアンのスー族の世界観そっくりであるとも指摘している。思想家や作家の固有名を超えて、二重三重に同種の世界像が《想起》されてゆくこのあたりは、本書でも圧巻の一つと言えるだろう。

その後の「現代の諸科学について」では、モノに宿る魂という観念が、情報の概念とともにあらたに捉え直されている。情報を受信し、発信し、蓄積し、加工するという四種の操作は、そもそも生物だけでなくあらゆるモノが行っているのであり、われわれは近年までそれを読み解くことが出来なかったが、徐々にそれを理解するようになってきた、とセールは言う。単なる有機的生命と、モノのあいだに本質的な違いを認めないのがセールの立場である。また人間の思考そのものも外部のモノを積極的に利用してなりたっており、モノとの関係、他者との関係へと比重を移し、それを複雑化することによって私たちは人間化（Hominisation）してきたのだと彼は考えている。世界のあらゆるモノが情報を受信し、発信し、蓄積し、加工する操作に、人類はコンピュータを操ることによって、いよいよ深く介入しつつある。あらゆるモノ（ハード dur）が、情報（ソフト douce）を多重に刻む媒体であり、しかもそれ自体が情報として他のモノに影響を及ぼすといったネットワーク的な世界のあり方が、人類の前に次第に明瞭に可視化されつつあるのだ。かつて情報物理学者のブリルアンは、ネゲントロピーによって情報の量を定義したが、シュレディンガーによればこれはもともと生命活動を規定する概念であった。世界のあらゆるモノのうちに遍満する生命としての情報、というこの考えは、まさに現代によみがえった生気論（Vitalisme）とも呼ぶべきものであり、またハーマンやシャヴィロといった、今日のオブジェクト指向哲学周辺の論者にみられる、汎心論的な世界観とも通じるものである。

第三章「私(モワ)、モナド、アナロジスト」では、アナロジズムの観点からヨーロッパ文明、そしてセール自身の思考があらためて分析される。セールはまずみずからの資質が、典型的にアナロジズム的なものであることを認めている。アナロジズムは類推によって異質なものを架橋する精神の働きに基づくものだが、ここでむしろ強調されるのは、《異質でばらばらなものたち》のほうである。この章ではセールの文体そのものも奔放さを増し、翻訳者にとっては暴風圏に突入したかのように感じられるのだが、一冊の書物でこのように多彩な文体を使いわけるということも、本書の特徴の一つであろう。

異質なものの無秩序な集まりのうちに、同一性を見いだしてゆくこの精神の働きは、さまざまな《他者》の思考そのものをも包摂する性格を持つ。《人間（精神）が多であり、自然（モノ）が多である》というデスコラの定義は、《一つの精神のうちにも多なる精神、多なるモノが包摂される》という形で、ここでは重層性を増して読みかえられている。むろん、前章を踏まえれば《一つのモノのうちにも多なる精神（情報）、多なるモノが刻まれる》のであり、アナロジズムはこうした重層的な精神とモノの相互包摂のなかで作用するものなのだ。注意すべきなのは、それらを包摂するたった一つの、最大の精神だけがあるわけでもなく——これは、神のみが思考し、他のすべてはその機会原因であるとしたマルブランシュの思想である――、それらが唯物論的に、何か単一のモノに還元されるわけでもないという点である。ここでセールが、ヴィクトル・ユゴーの有名な、やや自我肥大的な詩篇を引いてくるのは興味深い。《無数の声をもつ私の魂／わが崇める神が／響くこだまとして万象の真ん中に置いた、この魂を》――無数の声というのは、言うまでもなく他者の声であり、アナロジストの精神はそうした他者の精神で満ち満ちている。デカルトは「考えるわれ」Cogitoといったが、これは実際にはCo-agitation（共に－揺れ動く）であり、ライプニッツが言うように「私のなかで多数の思考が過ぎさってゆく」というのが正しいと、セールは語っている。思考する精神と、そのなかで考えられているモノとが、（むろん、人間精神のほうが世界の複雑性をよりよく理解するとはいえ）存在する資格において同等であると考えるライプニッツは、前章で語られたモノと精神の相互包摂の世界観を先取りしているのだ。

アナロジズムの思考は、芸術においても豊かに見いだされるとセールは言う。ブリューゲルやボッシュの絵画、『聖アントワーヌの誘惑』や『ブヴァールとペキュシェ』に見られる一見無秩序なものどうしに秩序を見出そうとする試み、ラブレーの作品に繰り返し登場する寄せ集めのリスト、ボードレールの「万物照応」、ロートレアモンの詩、ディドロの小説、トゥルニエやペレックのような同時代作家までが、それじたい寄せ集めのリストのようにここでは次々挙げられてゆく。

アナロジズムは多くの場合、普遍なものを媒体とすることによって、複数の個別なものを包摂的に結びつけるものだが、セールにおいては数学はまさに、アナロジズム的思考の典型であるとされる。とはいえ、古代ギリシャで生まれた幾何学的な数学と、それ以前の計算行為としての数学はやや異なっており、前者がいわゆる《宣言的な知》、普遍的な定義が優位な知であるのに対し、後者はむしろ具体的な実践のうちでその都度成立する《手続き的な知》であるとセールは指摘する。このような《手続き的な知》は古いものでもあるが、チューリング・マシンが計算という実践を定義しつつ演じて見せるのも、まさにこうした種類の一種愚直な知である。この意味での知は、反復や実践を通じて外的世界に展開され、作られてゆくという意味で、むしろオブジェクト的な性格を持っている。これら二種類の知、もしくは媒体のありかたは、本書で繰り返し採り上げられ、二種類の現実性の問題として考察されることになる。

聖書に登場するゲラサの憑かれた男は、軍団(レギオン)と名乗る悪魔にとり憑かれていた。この章の終わりで、セールがこのゲラサの男をみずからの自画像として描いているのも興味深い。アナロジズムは複数のものを同一のものに包摂するが、これはある種の所有(Possession, 憑依)でもあるとセールは考える。モノや他者がみずからの内に入り込み、それらにとり憑かれることがアナロジズムの思考にとっては必要だというのだ。またそれを裏返して、《人は自分から外に出たものだけを創造する》ともセールは述べている。複数のモノや思考を通過させるライプニッツ的な意味での精神が、ここでは創造の原理として捉え直されているわけである。有機的な身体がさまざまな記憶を刻み込み、結びつけているという通常の世界観から、もろもろのモノや、もろもろのアナロジー(精神)を交互に辿りながら、セールはむしろ積極的に逸脱してしまう。思考の媒体になるモノは有機的身体だけではなく、外的な多種多様なモノたちなのだ。私の断片からは、《駆ける群れが外に出てくる》。ゲラサの豚のように群れをなす身体、河底で歌い続ける、死したオルフェウスのばらばらな身体こそが、セールの思い描く身体のありかたなのだ。

第四章「自然と文化の婚姻」では、いよいよ西欧近代の世界観とされるナチュラリズムが俎上に載せられることになる。単一の客観的世界と、複数の相対化された精神とが前提とされる世界観である。もっともセールは、対象(Objet)、事物(Chose)、現実性(Réalité)といった言葉そのものが、それぞれ語源的には法律用語、裁判用語と深い関わりを持つものであることを指摘し、人間たちの主体的な関与からそれらが独立して、いわゆる客観的にあるという考えに最初から疑義を呈している。

技術についての言及、オートマトン(自動人形)と世界や、動物の関係についての言及がさまざまにあるのも、この章の特色である。デカルトの『人間論』は、人間の精神がモノと異なるものであることを言おうとして、動物とモノとの区別を見失ってしまった。かろうじて人間の理性だけが、普遍的で万能の道具であり、しかも自分が考えていることを自覚できる――コギトでありうる――という点で、動物やモノと違うとしたのである。それゆえ動物は、オートマトン(自動人形)と本質的に変わらないものであるとされた。人間精神を動物やモノと異なるものとして捉えたいという願望は、デカルト哲学の道具だてを受け入れることでかろうじて成立するものであり、その一点が崩れれば実は簡単にそれらの境界は曖昧になってしまう。――動物-機械論はむしろ多くの自然科学から孤立した思想であり、本書でセールも示唆しているように、反デカルト派の陣営には、たとえばサブリエール夫人のサロンに集った多くの学者、知識人、作家、医者などがいて、その流れははるか後の時代まで連綿と続いてゆくのである。

彼らは人間とノン・ヒューマンの関係について、めいめいが独自の思想を持ち、マルブランシュやライプニッツですら、この一点を境に大きくデカルトから離れ、それぞれの思想に辿り着いたと言えるほどなのだ。人間と動物には精神があり、無機物にはまったくないという今日の常識的な見解は、どちらかといえば深い思索を欠いた単なる妥協的な落としどころであるに過ぎない。その意味では、多種多様なモノが有する「心的事実」を探ることを提唱する今日のグレアム・ハーマンの態度などは、こうした近代の初頭の状況を眺めるとき、むしろ一つの王道であるといっても過言ではない。

ナチュラリズムは実際には、明確に成立したことがないというのがセールの立場である。それは人文科学と自然科学を分離する、アカデミックな制度の分類によって生まれたにすぎず、厳密科学やフランス流の啓蒙の普遍主義の権威に対抗し、ローカルな精神や文化の尊厳を擁護するためにドイツの大学で制度化されたものであった。それがアメリカの大学に採り入れられ、やがてフランスでもこうした区分が導入されたのだという。ローカルで多様なものとしての人間精神と諸文化をあつかう人文科学、普遍的原理によって単一の客観的な世界をあつかう自然科学という、歴史的経緯に根差したこの離別が、デスコラによって西欧的な世界観とされたナチュラリズムの実相である、というのがセールの分析である。そのうえで、博物学も現代の情報諸科学も、数学もトーテミズム的、アニミズム的、アナロジズム的な思考を抜きにして創造的な展開を遂げることはできなかったろうと結論づけている。

人文科学と自然科学、さらにはデスコラが挙げたもろもろの類型が、ふたたび混淆するあらたな文化は、いかにして生みだされるのか？　セールはこうした架橋が、天才によってのみなされるものであるとは考えてはいない。第四章の終盤では、彼自身が生い立った地方文化から、教育によって身につけたフランスの普遍主義的な教養文化、今日のメディア文化など、集団にとっての文化のありかたが、次々と鮮やかに描き出される。最終的にセールが主張するのは、あらゆるモノと人類の歴史、その「大いなる物語」をすべて包摂する「種の文化」に、われわれが到達しなければならないということである。ここでの包摂は、なんらかの究極的なモノによってさまざまな精神活動が唯物論的に、一方的に説明されるということではむろんないが、ありとあらゆるモノに刻まれた世界の歴史のうちに、われわれの歴史が合流するということである。

モノや、自然はその《文字》を持っており、それを発信したり蓄積したり、加工したりでき、解読することすらやってのける。「私たちの古い文化は、文字を持った文化と、文字のない自然を対置していた。――新しい文化は、文字のない諸文化と、文字を持った自然を迎え入れるのだ。あらたな合流点である」とセールは言う。これは、アナロジズムについて語られた前章で、《一つの精神のうちにも多なる精神、多なるモノが包摂される》状況が前景化したことのちょうど裏返しであり、《一つのモノのうちにも多なる精神（情報）、多なるモノが刻まれる》、そしてその《一つのモノ》じたいが多数ある、といった状況を前景化させたものである。

むろんそこで、前提になるのはモノと精神のどこまでも多極的な相互媒介、相互包摂であり、《主体と対象》、《一と多》というデスコラが提示した対立概念そのものが、その運動のなかでいわば二重化し、中性化するのである。前章で語られた二種類の現実性はここでも重要である。精神（情報、ソフト）とモノ（ハード）は、いずれも多数の精神とモノを包摂し、また刻むが、モノにおいては多数の情報なりモノなりを隣接させ、結びつけるといった側面が強い。偶然性（Contingence）という語は、語義的には共に（Con）触れる（tingence）という意味を持つが、モノにおいてモノどうしが偶然に触れあい、結びつき、関係づけられるところに生まれる現実性が、知のありかたとしてこれから優勢になるとセールは語っている。セールは初期の『物理学の誕生』いらい、落下するアトムが偶然の偏奇運動によって逸れ、お互いに結びつくところから世界の事物が形成されるとした、古代のルクレティウスの思想にしばしば共感を表明しているが、「大いなる物語」が語られるこの章からも、彼のそうした傾向を窺うことができる。重いハードなもの（モノ）と、軽いソフトなもの（情報、精神）、落下するものと攪乱するものは、ここではすでに両義的なものとなって、滔々と合流する。まさにそこにこそ「大いなる物語」があり、人類全体にとっての「種の文化」もあり、「自然と文化の婚姻」があるのだ。

《主体と対象》、《一と多》の相互包摂と相互媒介を通じて、デスコラの四類型は第四章までにすっかり組み換えられ、混淆し、それら各々の対概念が、たがいに両義的なもの（中性的なもの）になった。これら対概念は全体として中性的でもありうるし、デスコラが分析したように個性的なそれぞれの形態を採って発展することもできる。序章でセールが述べた、形而上学にとっての幹細胞、《幹‐形而上学》(Métaphysique souche) を見出そうというもくろみは、ここまでの論述をつないで考察すれば、壮大な自然界と人類の文化全体のうちで、おのずと成し遂げられているとも言えるのだが、必要なのはそれを、コンパクトな形で具現化した例をしめすことである。終章の「幹(Souche)」では、そうした具体例としてカトリシズムがまず挙げられている（もっとも彼は、カトリシズムを採り上げるのは、自分にとってただ身近なものだからであり、他の宗教にもおそらくそうしたものは存在しているであろう、と認めている）。

カトリシズムは、厳格な一神教であるようでいて、実際には非常に多神教的で、その大聖堂も礼拝堂も無数の芸術や絵画に飾られており、福音書の作者たちは動物に喩えられ、聖人たちは決まった動植物とともに描かれ、異教主義（パガニズム）的なフェティッシュで溢れかえった宗教である、とセールは言う。これほど偶像に満ちた一神教は存在しない。カトリシズムのこうした特徴は、ローマ文明がもつ集積的な性格に由来しているとセールは指摘する。ローマ人たちは、征服した民族の偶像や神々を持ち帰っては、聖所の自分たちの彫像の横に飾っていた。『ローマ　建国の書』において、かつてセールは地中海周辺の古代の都市国家が、蟻塚のように次第に集積して巨大化して成立したのがローマである、と語ったが、ローマはギリシャやヘブライの知的な精神文明と比べると、むしろ異質なものが結びつき、触れあい、関係づけられるところに基盤を置くモノ的な文明なのだ。こうしたローマの文明に包摂された一神教こそがローマン・カトリックである、とセールは言う。一神教にして多神教であるこの宗教は、《一と多》という対概念をみずからのうちで中性化しており、聖霊の息吹への信仰とフェティシズムを混淆させ、また受肉した言葉としてのイエスの位格そのものが、《主体と対象》という対概念を二重化するものである。

デスコラが挙げる二種類の対概念はいずれも、カトリシズムにおいては見事に融合され、しかもこの「コンパクトな総体」からは、多様な芽が次々と時代を経るごとに生まれてきた。これこそがまさに「幹（Souche）」である、とセールは語っている。

そしてもう一つの例として挙げられるのが、宗教や信条の相違を超えて研究者たちが携わる諸科学（Science, 学問）である。あらゆる学問が、ナチュラリズムだけではなく、むしろあらゆる世界観と共存可能なものなのだとセールは語る。この書物の全体が、すでにその証明であると言ってもいいだろう。

終章の終わりで、セールは「あらゆる混同を避けるために」第三章で述べた内容を今一度繰り返している。それは、

もろもろの関係（Relations）があるなら、その理由（Raison）がある。現実（Réel）が合理的な（rationel）ものであるなら、もろもろの関連（Rapports, Ratio）はそれをいっぱいに満た

し、それを基礎づけ、それを堅固にしている。ところで、あらゆるものが予測可能なものではない。偶然なもの（Contingent）が存在する。もし現実（Réel）が結びつけられた（relié）、関係的な（relationnel）、宗教的な（religieux）ものであるなら、現実を貫いてあらゆる種類の結びつき（Liaisons, re-ligare）があり得る。

というものである。本書の全体が、ここで約言されているとみることも出来るだろう。ライプニッツ流の充足理由律を満たすような合理的なものが現実的である一方で、結びつき、関係づけが偶然的に成立することで生まれる、よりモノ的な現実もある。そして後者もまた、カトリシズムが標榜したような普遍性を、コンパクトに体現しうる。直後にクリスティアーヌ・フレモンについて言及していることからも分かるように、ライプニッツ自身が、こうした二種類の現実性を意識していたことをセールは疑っていない。さらに言えばモノたちの繚乱は、宗教や諸学問だけでなく、芸術や文学においてもすでに先駆けて華やかに開花していた。最後にセールが引くのが、フロベールの『聖アントワーヌの誘惑』のラストの場面であることは重要だろう。この作品は、実際にカトリック宗教の本質を描き出していたのだ。

《物質になりたい！》と叫ぶ、錯乱した聖アントワーヌ。——これに対し、《私が考えるとき、私は聖アントワーヌである》と静かに応えるセール。本書を締めくくるこの見事な、鏡像的な相互包摂、相互媒介によって、私たちは不意に、混沌をきわめる世界そのものへと、丸ごと放り込まれることになるのだ。

本書は Michel Serres, *Ecrivains, savants et philosophes font le tour du monde*, Le Pommier, 2009. の、個人全訳である。二〇一三年に発表した『ミシェル・セール　普遍学からアクター・ネットワークまで』において、筆者はすでに一章を割いてこの本について論じている。幸いにして、その文章が興味を惹いたらしく、ぜひセールのその著作を翻訳して欲しいという風に編集者の方から声をかけていただいたのが、本書を刊行するきっかけとなった。セールの著作の数は膨大だが、どの書物であれ精細に読み込んでいけば、かならず彼の全体像に繋がってゆく。彼の散文を日本語に移して再現する作業は、困難ではあったが、またこのうえもない愉楽であった。今回、機会を与えてくださった水声社の後藤亨真さんに、この場を借りてあらためてお礼を申し上げたい。本当に有り難うございました。

また、帝政後期のローマ史と宗教学を専門とし、ラテン語の解釈について貴重なご意見をいただいた中西恭子さん、数学の用語について御教示いただいた石村光資郎さんにも、感謝の念を伝えておきたい。訳註の作成にも、一つの註のために一冊本を読むくらい、労力を費やしてしまった。この翻訳がセールの他の著作をひもとく一助となってくれれば、訳者としてこれに勝る喜びはない。

二〇一六年　八月六日

清水高志

著者／訳者について——

ミシェル・セール（Michel Serres）　一九三〇年、南フランスのアジャンに生まれる。哲学者、科学史家、文人。パリ第一大学、スタンフォード大学の教授を長く勤め、一九九〇年にアカデミー・フランセーズ会員にも選出された。現在も旺盛な執筆活動を行っており、その思想の今日性が二一世紀になって世界的に再評価されつつある。主な著書に、『パラジット』、『五感』、『幾何学の起源』などがある。

＊

清水高志（しみずたかし）　東洋大学総合情報学部総合情報学科准教授（専攻、哲学）。主な著書に、『ミシェル・セール　普遍学からアクター・ネットワークまで』（白水社、二〇一三）、共訳書に、『ポストメディア人類学に向けて』（水声社、二〇一五）などがある。

装幀――宗利淳一

作家、学者、哲学者は世界を旅する

二〇一六年一〇月五日第一版第一刷印刷　二〇一六年一〇月二〇日第一版第一刷発行

著者――ミシェル・セール

訳者――清水高志

発行者――鈴木宏

発行所――株式会社水声社

東京都文京区小石川二―一〇―一

郵便番号一一二―〇〇〇二

郵便振替〇〇一八〇―四―六五四一〇〇

電話〇三―三八一八―六〇四〇

FAX〇三―三八一八―二四三七

URL : http://www.suiseisha.net

印刷・製本――ディグ

ISBN978-4-8010-0198-5